無限に広がる世界を楽しむ

詳細 ユニット折り紙

北條 敏彰

日本文芸社

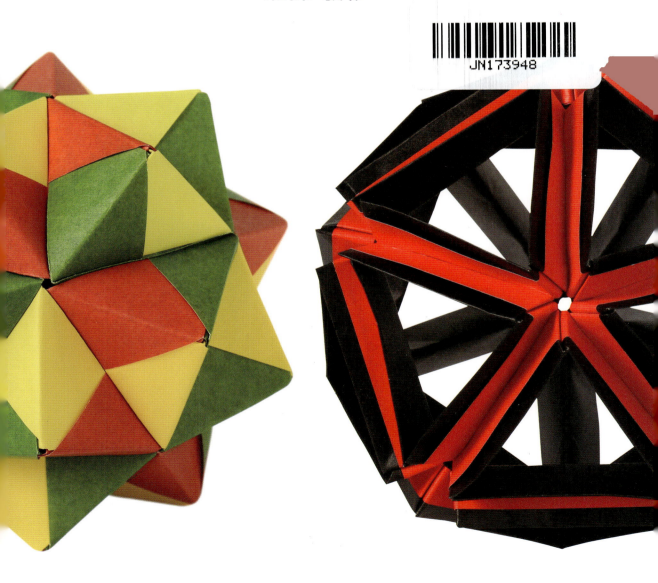

はじめに

「無限の可能性を秘めたユニット折り紙」の世界をひろげましょう!

　すでに「ユニット折り紙」の素晴らしい世界に踏み出し、作品をつくりながら「折り」が生み出す、千変万化の面白さに魅せられている方も多いことでしょう。一方、組み方や折る枚数の多さなどで、なかなかユニット折り紙にチャレンジできずにいる方も少なくないようです。

　この本では、日本の折り紙の古典の「二そう舟」に、折りを加えるだけでつくれる、私が「二そう舟ユニット」と呼んでいるユニットや、「ユニット折り紙」の原点とも言える「薗部式ユニット」、また、各派生系ユニットを紹介しています。それぞれの作品を組み上げながら、ユニット折り紙の無限の可能性を、味わっていただければと願っています。

ほうじょうとしあき
北條敏彰

目次 もくじ

Part 1　1種類の折り紙でつくる基本作品

1. 二そう舟ユニット6枚組 …… 10／24
2. 二そう舟ユニット12枚組［その1］ …… 10／26
3. 二そう舟ユニット12枚組［その2］ …… 11／25
4. 二そう舟ユニット24枚組 …… 11／28
5. 二そう舟ユニット30枚組［その1］ …… 12／38
6. 二そう舟ユニット30枚組［その2］ …… 12／42
7. 二そう舟ユニット60枚組 …… 13／66
8. 薗部式ユニット12枚組 …… 14・15／30
9. 薗部式ユニット30枚組 …… 14・15／46

Part 2　色の組み合わせを楽しもう！

10. 二そう舟ユニット5色30枚組［その1］ …… 34／38
11. 二そう舟ユニット5色30枚組［その2］ …… 34／42
12. 薗部式ユニット5色30枚組 …… 35／46
13. 二そう舟ユニット3色30枚組［その1］ …… 36／52
14. 二そう舟ユニット3色30枚組［その2］ …… 36／56
15. 薗部式ユニット3色30枚組 …… 36／60
16. 二そう舟ユニット6色60枚組 …… 37／66
17. 薗部式ユニット6色30枚組 …… 37／72

Part ③ 「二そう舟ユニット」の派生系ユニット

18 二そう舟ユニットA-1
.... 78／97

19 二そう舟ユニットA-2
.... 79／100

20 二そう舟ユニットA-3
.... 80／103

21 二そう舟ユニットA-4
.... 81／105

22 二そう舟ユニットA-5
.... 82／106

23 二そう舟ユニットB-1
.... 83／108

24 二そう舟ユニットB-2
.... 84／109

25 二そう舟ユニットB-3
.... 85／110

26 二そう舟ユニットB-4
.... 86／111

27 二そう舟ユニットB-5
.... 87／114

28 二そう舟ユニットC-1
.... 88／117

29 二そう舟ユニットC-2
.... 89／120

30 二そう舟ユニットC-3
.... 90／121

31 二そう舟ユニットD-1
.... 91／122

32 二そう舟ユニットD-2
.... 92／124

33 二そう舟ユニットE-1
.... 93／126

34 二そう舟ユニットE-2
.... 94／128

35 二そう舟ユニットF-1
.... 95／130

36 二そう舟ユニットF-2
.... 96／132

Part 4 「薗部式ユニット」の派生系ユニット

- **37** 裏出しユニットA-1 ……………… 136／145
- **38** 裏出しユニットA-2 ……………… 137／147
- **39** 裏出しユニットA-3 ……………… 138／148
- **40** 裏出しユニットB ……………… 139／149
- **41** 飾り折りユニットA-1 ……………… 140／151
- **42** 飾り折りユニットA-2 ……………… 141／153
- **43** 飾り折りユニットA-3 ……………… 142／154
- **44** 飾り折りユニットA-4 ……………… 143／156
- **45** 飾り折りユニットB ……………… 144／158

- はじめに ……………… 2
- 記号の見方と折り方の基本 ……………… 6
- 折り方と組み方の注意 ……………… 8
- 紙の大きさについて ……………… 8
- 紙の柄や質を替えて楽しもう！ ……………… 8
- 本書で紹介するユニットについて ……………… 16
- 「二そう舟ユニット」の折り方 ……………… 17
- 「薗部式ユニット」の折り方 ……………… 20
- 組み方の基本 ……………… 22

コラム

- 「空中折り」のすすめ ……………… 32
- 多くの紙には方向がある ……………… 159

記号の見方と折り方の基本

本書の折り図では、あらかじめ折り目をつけておき、その後その折り目にしたがって折れるようにしています。折り目をつけておけば、比較的簡単に折ることができます。そのほうがユニットも美しく仕上がります。

点線で折る（谷折り）

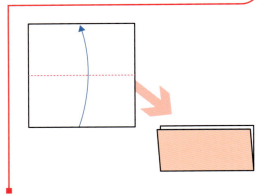

点線で後ろに折る（山折り）

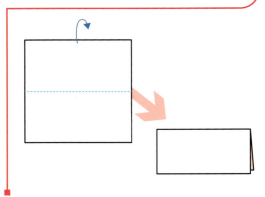

折り目をつけて戻す

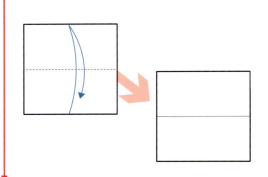

裏返す

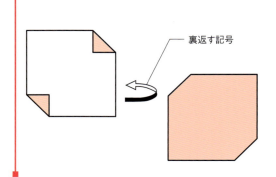

裏返す記号

向きを変える

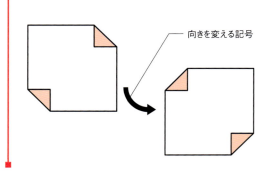

向きを変える記号

中に差し込む

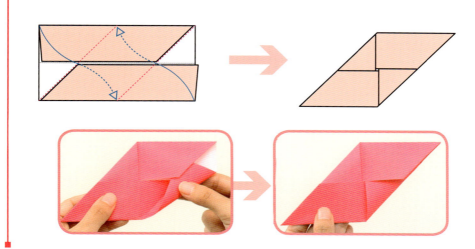

指を入れて開いてから折る

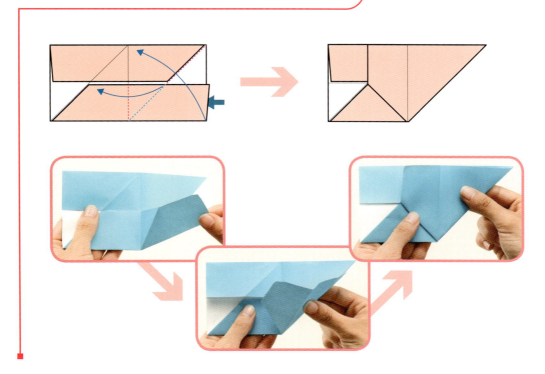

折り方と組み方の注意

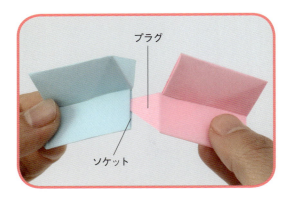

　ユニットを折る際には、カドとカド、線と線とをきちんとそろえるようにしましょう。

　本書の作品は、ユニットに差し込む部分（プラグ）と差し込まれる部分（ソケット）をつくり、それらを組み合わせることで立体形になります。きちんと折れていないと、ユニット同士がうまく結合できず、組み上げることができなくなります。

紙の大きさについて

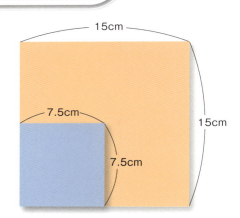

　本書で紹介している作品は、原則として1辺が7.5cmの紙を使用しています。このサイズは一般的なサイズの折り紙（15cm四方）の4分の1の大きさになります。

紙の柄や質を替えて楽しもう！

　本書では、単色の折り紙を使った作品とともに、美しい模様や柄の入った紙を使った作品も紹介しています。特に、模様や柄の入った紙は配色の難しさもなく、まったく同一の紙で作品を組み上げることができます。もちろん、柄を「色」と見なして、3色組や5色組も可能です。

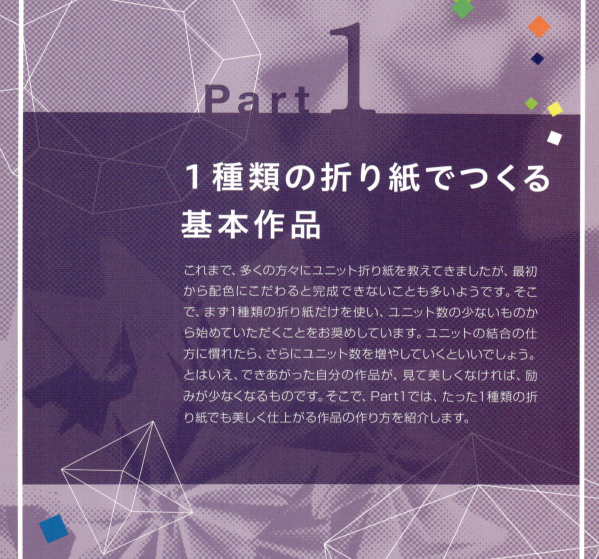

Part 1

1種類の折り紙でつくる基本作品

これまで、多くの方々にユニット折り紙を教えてきましたが、最初から配色にこだわると完成できないことも多いようです。そこで、まず1種類の折り紙だけを使い、ユニット数の少ないものから始めていただくことをお奨めしています。ユニットの結合の仕方に慣れたら、さらにユニット数を増やしていくといいでしょう。とはいえ、できあがった自分の作品が、見て美しくなければ、励みが少なくなるものです。そこで、Part1では、たった1種類の折り紙でも美しく仕上がる作品の作り方を紹介します。

2 二そう舟ユニット 12枚組(その1)

2 二そう舟ユニット 12枚組(その1)

1 二そう舟ユニット 6枚組

4 二そう舟ユニット
24枚組

3 二そう舟ユニット
12枚組（その2）

1	二そう舟ユニット 6枚組 折り方…17ページ／組み方…24ページ	**3**	二そう舟ユニット 12枚組（その2） 折り方…17ページ／組み方…25ページ
2	二そう舟ユニット 12枚組（その1） 折り方…17ページ／組み方…26ページ	**4**	二そう舟ユニット 24枚組 折り方…17ページ／組み方…28ページ

5 二そう舟ユニット
30枚組（その1）
折り方…17ページ／
組み方…38ページ参照

6 二そう舟ユニット
30枚組（その2）
折り方…17ページ／
組み方…42ページ参照

7 二そう舟ユニット 60枚組
折り方…17ページ／組み方…66ページ参照

9 薗部式ユニット
30枚組

8 薗部式ユニット
12枚組

8 薗部式ユニット 12枚組
折り方…20ページ／組み方…30ページ

9 薗部式ユニット 30枚組
折り方…20ページ／組み方…46ページ参照

本書で紹介するユニットついて

本書では「二そう舟ユニット」と「薗部式ユニット」を基本にしたユニットを紹介しています。

二そう舟ユニット

「二そう舟ユニット」は、日本の伝統的な折り紙の「二そう舟」を基本にしたユニットです。組み上がった作品は、中央に穴の開いたユニークな形状となります。

構造が多面体の骨組みと同じなので、正方形に限らず、長方形の折り紙でつくったユニットでも組み上げることができ、「薗部式ユニット」よりもバリエーション豊かな多面体をつくることができます。

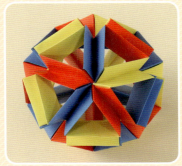
二そう舟ユニット(30枚組)

「二そう舟ユニット」の派生系ユニット(30枚組)

薗部式ユニット

「薗部式ユニット」は、薗部光伸(そのべ・みつのぶ)先生が発表されたユニットで、ユニット折り紙のスタンダードとして広く知られているものです。

ユニットを折るのも、結合させるのも、比較的容易なうえに、できあがった作品は想像以上に丈夫という優れた魅力を兼ね備えたユニットです。3枚のユニットで正三角錐「三角のお山」(略して「お山」)をつくりながら作品を完成させていくのが特徴です。

薗部式ユニット(30枚組)

「薗部式ユニット」の派生系ユニット(30枚組)

「二そう舟ユニット」の折り方

Part 1
1種類の折り紙でつくる基本作品

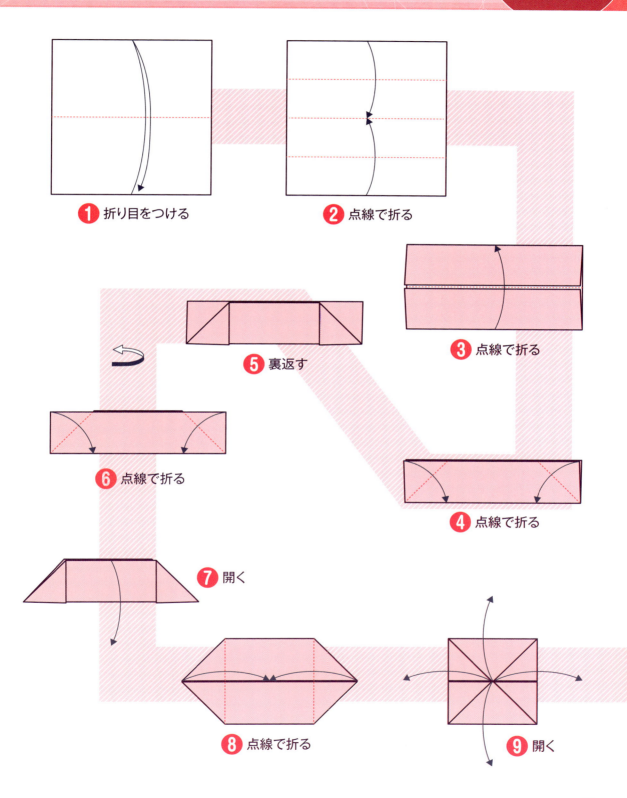

二そう舟ユニットの折り方

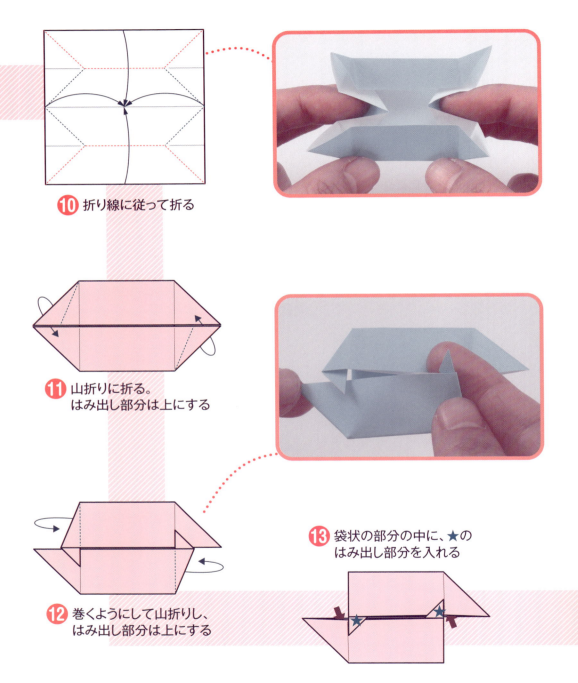

❿ 折り線に従って折る

⓫ 山折りに折る。はみ出し部分は上にする

⓬ 巻くようにして山折りし、はみ出し部分は上にする

⓭ 袋状の部分の中に、★のはみ出し部分を入れる

Part 1
1種類の折り紙でつくる基本作品

結合方法	1	プラグをソケットに奥までしっかり差し込みます

▶ 5本の骨組みの組み方

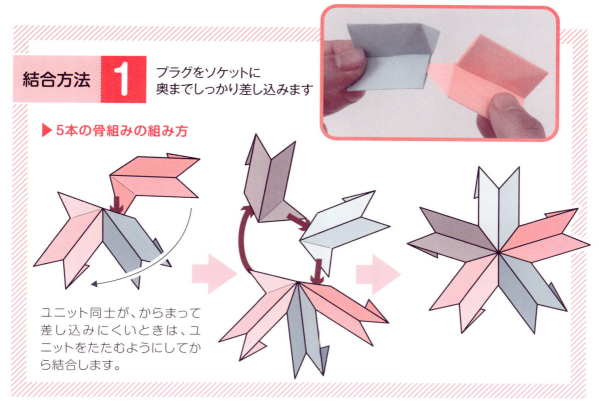

ユニット同士が、からまって差し込みにくいときは、ユニットをたたむようにしてから結合します。

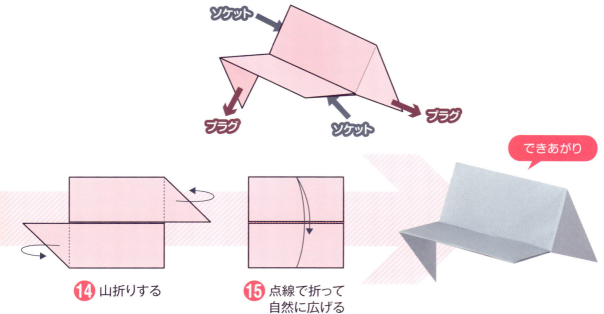

⑭ 山折りする

⑮ 点線で折って自然に広げる

できあがり

「薗部式ユニット」の折り方

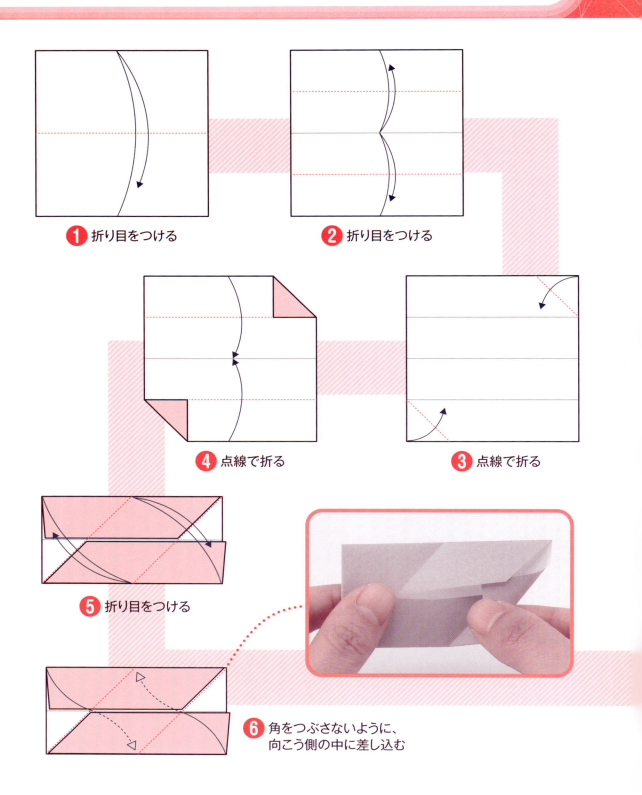

Part 1 1種類の折り紙でつくる基本作品

▶ お山の組み方

「薗部式ユニット」3枚を使って右図のようにユニット同士を組むと、正三角錐（せいさんかくすい）ができます。本書ではこの正三角錐を「三角のお山」（略して「お山」）と呼び、組み図では●で表記します。

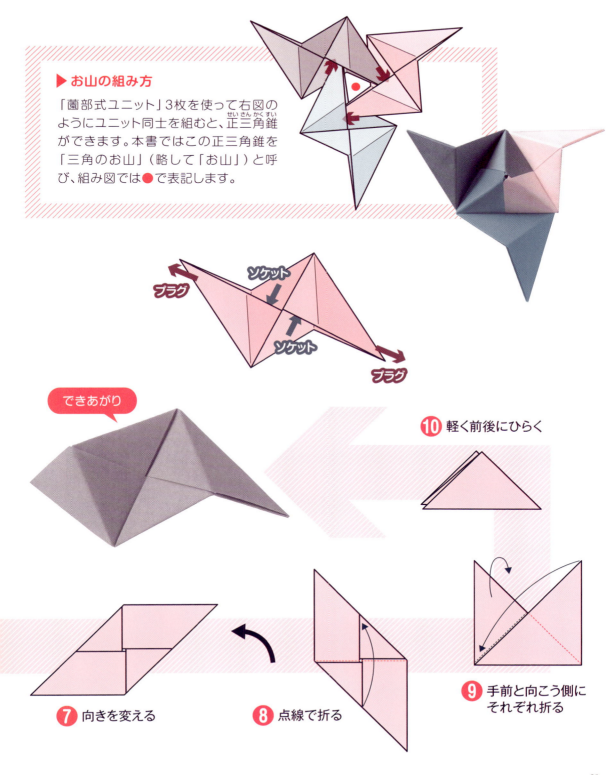

❼ 向きを変える
❽ 点線で折る
❾ 手前と向こう側にそれぞれ折る
❿ 軽く前後にひらく

できあがり

組み方の基本

本書で紹介する作品は、下記の多面体を元につくられています。

正四面体
二そう舟ユニット 6枚組

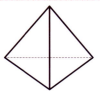

- 3本組の「角」が4カ所
- 三角形の「枠」が4個

どの「角」の周りにも三角形が3個

正八面体
二そう舟ユニット 12枚組（その1）
薗部式ユニット 12枚組

- 4本組の「角」が6カ所
- 三角形の「枠」が8個

どの「角」の周りにも三角形が4個

正六面体
二そう舟ユニット 12枚組（その2）

- 3本組の「角」が8カ所
- 正方形の「枠」が6個

正二十面体
二そう舟ユニット 30枚組（その1）
薗部式ユニット 30枚組

- 5本組の「角」が12カ所
- 三角形の「枠」が20個

どの「角」の周りにも三角形が5個

正十二面体
二そう舟ユニット 30枚組（その2）

- 3本組の「角」が20カ所
- 五角形の「枠」が12個

どの「角」の周りにも五角形が3個

立方八面体
二そう舟ユニット 24枚組

- 4本組の「角」が12カ所
- 三角形の「枠」が8個と四角形の「枠」が6個

どの「角」の周りにも、三角形が2個と四角形が2個

二十・十二面体
二そう舟ユニット 60枚組

- 4本組の「角」が30カ所
- 三角形の「枠」が20個と五角形の「枠」が12個

どの「角」の周りにも、三角形が2個と五角形が2個

Part 1 1種類の折り紙でつくる基本作品

ニそう舟ユニット の組み方のポイント

「ニそう舟ユニット」は、多面体の「辺」そのものが一つのユニットになっており、組み上がった作品は、多面体の骨組みのようになります。そこで、これを「骨組」と呼び、ユニット1つを「骨」、さらに「骨」がつくる穴の開いた形を「枠」と呼びます。また、多面体の頂点に当たる個所を便宜的に、「角」と呼んでいきます。

薗部式ユニット の組み方のポイント

「薗部式ユニット」も同様に多面体を元につくられていますが、ユニットの形状が異なるので、組み上がりの作品は元の多面体とは違ってきます。そこで、「薗部式ユニット」では、「ニそう舟ユニット」の「骨」に相当する部分は「谷」、「枠」に相当する部分は「三角のお山」（略して「お山」）と呼ぶことにします。また、「角」に相当する箇所は「星形」になるので、便宜的に「星形」と呼ぶことにします。

なお、「薗部式ユニット」は、組んでいる途中でユニットが外れたり、崩れたりすることが多々あります。そこで、本書ではなるべく崩れないように組む方法として「三角のお山」を優先的に組んでいく方法を紹介します。

4
「お山」が4個接するところ。
4枚のユニットで構成されている

5
「お山」が5個接するところ。
5枚のユニットで構成されている。
正面からみると「星形」になる

23

二そう舟ユニット **6枚組**

◎作品…10ページ

元となる多面体 = **正四面体**
角 = **4個**
枠 = △ が4個

「二そう舟ユニット」を6枚用意する
×6枚
折り方…17ページ

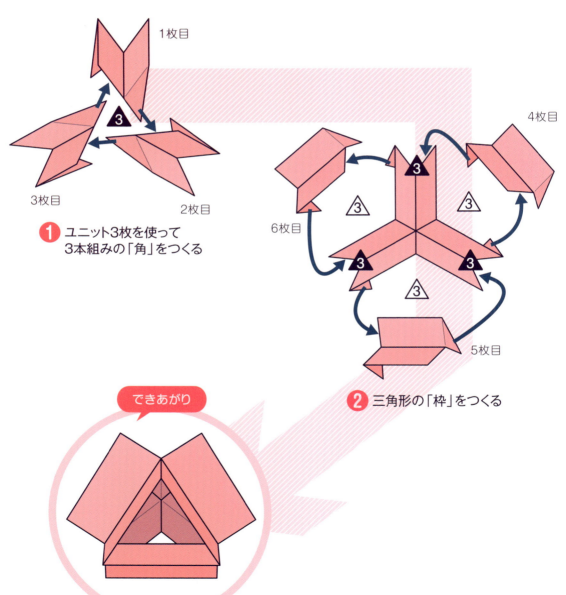

❶ ユニット3枚を使って3本組みの「角」をつくる

❷ 三角形の「枠」をつくる

できあがり

3 二そう舟ユニット **12枚組** [その2]

◎作品…11ページ

Part 1 1種類の折り紙でつくる基本作品

元となる多面体 = **正六面体**

角 = **8個**

枠 = □ が**6個**

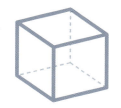

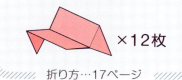

「二そう舟ユニット」を12枚用意する

×12枚

折り方…17ページ

❶ ユニット3枚を使って3本組みの「角」をつくる

❷ 3本組みの「角」と四角形の「枠」をつくる

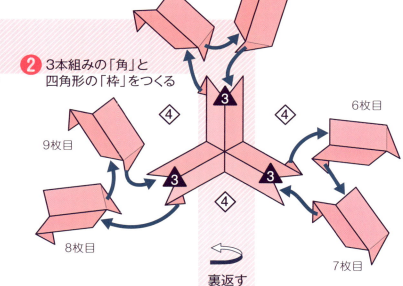

裏返す

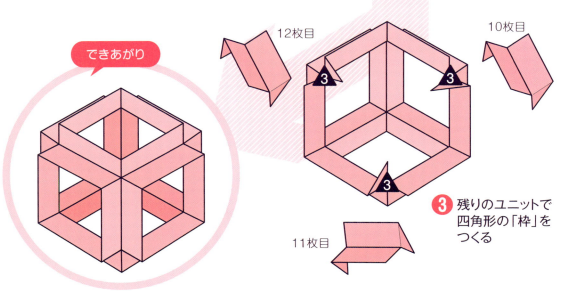

❸ 残りのユニットで四角形の「枠」をつくる

できあがり

25

2 二そう舟ユニット 12枚組 [その1]

◎作品…10ページ

元となる多面体 = **正八面体**

角 = **6個**

枠 = △ が**8個**

「二そう舟ユニット」を 12枚用意する

×12枚

折り方…17ページ

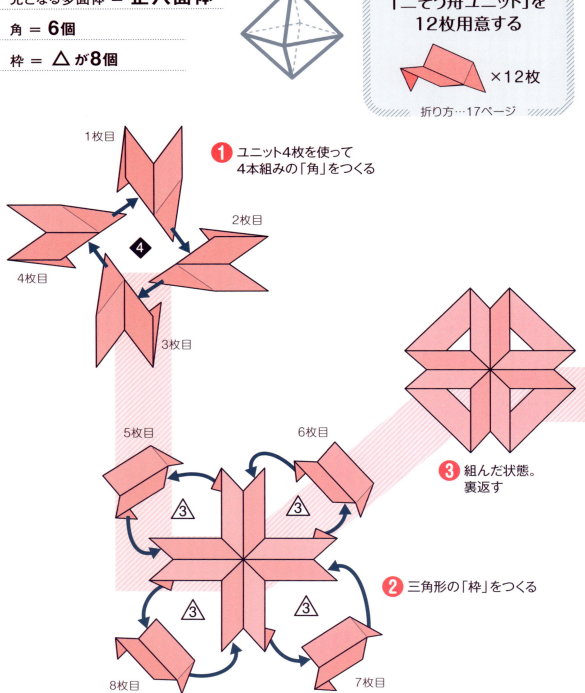

❶ ユニット4枚を使って 4本組みの「角」をつくる

❷ 三角形の「枠」をつくる

❸ 組んだ状態。裏返す

26

Part 1
1種類の折り紙でつくる基本作品

できあがり

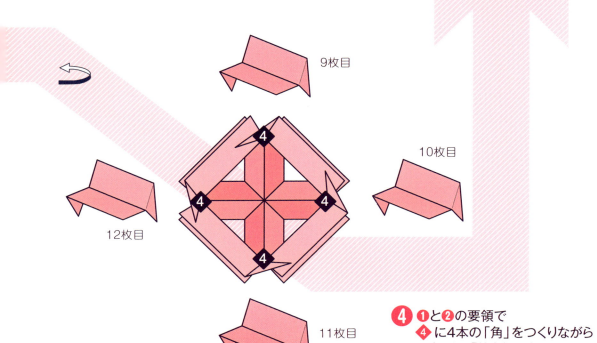

9枚目

10枚目

11枚目

12枚目

❹ ❶と❷の要領で
❹に4本の「角」をつくりながら
三角形の「枠」をつくる

27

4 二そう舟ユニット **24枚組**

◎作品…11ページ

元となる多面体 ＝ **立方八面体**
角 ＝ **12個**
枠 ＝ □が**6個** △が**8個**

「二そう舟ユニット」を
24枚用意する

×24枚

折り方…17ページ

❶ ユニット4枚を使って
4本組みの「角」をつくる

❷ 三角形の「枠」と
四角形の「枠」をつくる

❸ 組んだ状態。
裏返す

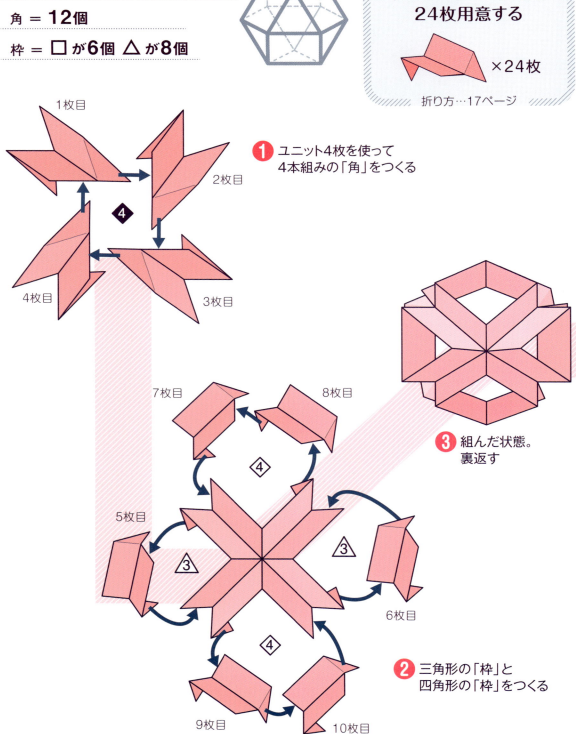

28

Part 1 1種類の折り紙でつくる基本作品

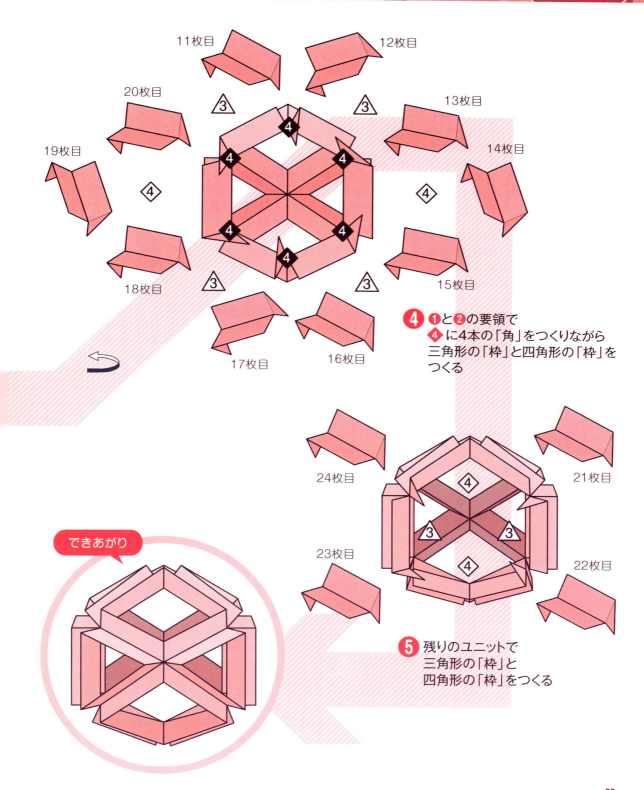

❹ ❶と❷の要領で❹に4本の「角」をつくりながら三角形の「枠」と四角形の「枠」をつくる

❺ 残りのユニットで三角形の「枠」と四角形の「枠」をつくる

できあがり

29

8 薗部式ユニット 12枚組

◎作品…14、15ページ

元となる多面体 = **正八面体**

星形 = **6**個

お山 = **8**個

「薗部式ユニット」を12枚用意する

×12枚

折り方…20ページ

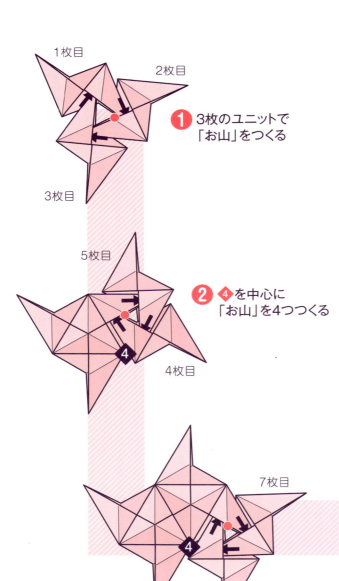

❶ 3枚のユニットで「お山」をつくる

❷ ◆を中心に「お山」を4つつくる

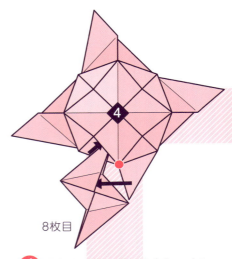

❹ 下に4つ目の「お山」をつくる

❸ 図のようにユニットを差し込む

30

Part 1
1種類の
折り紙でつくる
基本作品

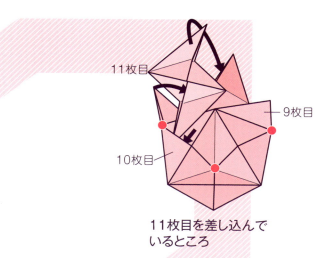

11枚目を差し込んで
いるところ

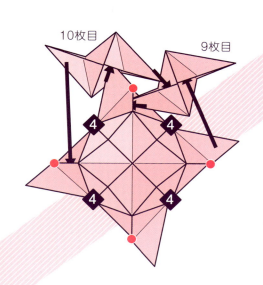

❺ ❶の要領で❹に「お山」が
4つ集まるように組んでいく

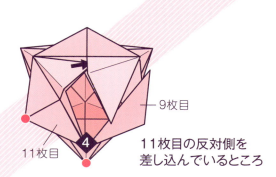

11枚目の反対側を
差し込んでいるところ

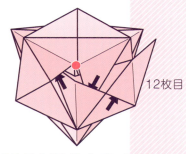

12枚目を差し込んでいるところ

できあがり

31

コラム 「空中折り」のすすめ

　何人かで「折り紙」を折っていると、「折り方が違うのですね。」と不思議がられることがよくあります。もちろん、ほかの人たちと違う折り線で折っているわけではありません。私は机などの台を使わずに、紙を空中に浮かせて折っていたのでした。いつの頃からこの折り方（「空中折り」）を始めたのかは定かではありませんが、少なくともユニット折り紙を熱心に折り続け始めた頃には、すでに「空中折り」は熟練の域に達していました。

　ユニット折り紙は7.5cm四方のサイズの紙を使用することが多く、その小さな紙を折る場合、「空中折り」は最も能率の高い折り方です。少なくとも私はそう確信しています。例えば、正方形の紙を横（縦）に真半分に折る場合、まず一つの角をすぐ隣の角に、角同士がピッタリと重なるように合わせて、その角を動かないように指でつまんで、辺同士をピッタリと重ねるようにして折ると、簡単に折ることができます。

　この横に真半分に折る場合、机の上などで折ると、角と角をピッタリと合わせるのが意外と難しくなります。「空中折り」の場合は、両手の指の腹を使うようにすれば、簡単に角同士や辺同士を合わせることができます。合わせる箇所同士を指で挟んで固定できるのも、折る作業を効率的に進めることができる利点です。また、「空中折り」は机などの台が無い場所でもできる点が優れています。ベンチなどに座って折る時はもちろんのこと、時には寝たままの姿勢でも折ることができます。

　考えてみれば紙飛行機をつくるのは、たいていの場合、屋外ですから、紙飛行機であそんでいた頃に、私はすでに「空中折り」を習得していたのかもしれません。今の時代のように舗装された地面が多ければ、折り紙は、地面を台替わりにして折れなくもありませんが、土の地面ではそうはいきません。自然と空中で折ることを覚えたのでしょう。ともかく、「空中折り」は私の折り方のスタンダードとなっています。

Part 2

色の組み合わせを楽しもう！

本書では、ユニットの折り方、組み方のほか、配色についても紹介しています。日本の伝統折り紙は、色も柄も豊富です。それだけに「二そう舟」「薗部式」、また各派生系・裏出しなどの作品も、折り紙の配色を変えると多彩な立体を組み上げることができ、予想以上に美しい作品が生まれることもあります。

折り紙の種類とユニット数が増えるにしたがって、色・模様・柄とも、まさに千変万化。ユニット折り紙の魅力が無限に広がっていきます。

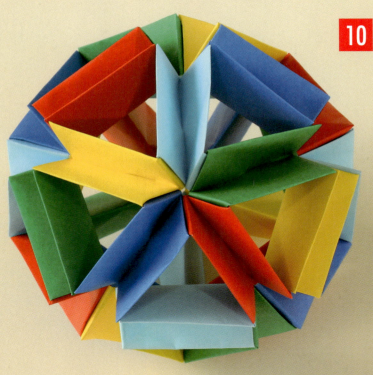

**10 二そう舟ユニット
5色30枚組（その1）**
折り方…17ページ／
組み方…38ページ

**11 二そう舟ユニット
5色30枚組（その2）**
折り方…17ページ／
組み方…42ページ

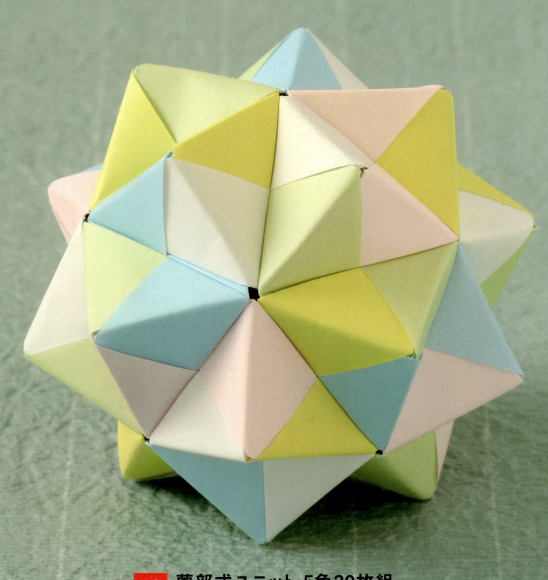

12 薗部式ユニット 5色30枚組
折り方…20ページ／組み方…46ページ

13 ニそう舟ユニット
3色30枚組（その1）
折り方…17ページ／
組み方…52ページ

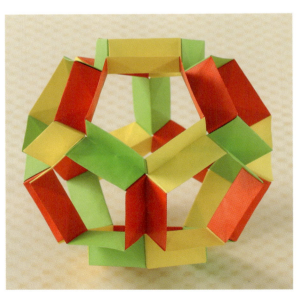

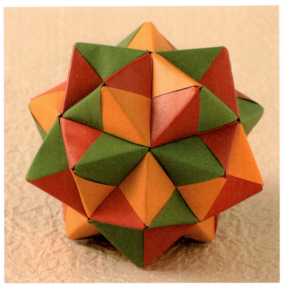

14 ニそう舟ユニット
3色30枚組（その2）
折り方…17ページ／
組み方…56ページ

15 薗部式ユニット
3色30枚組
折り方…20ページ／
組み方…60ページ

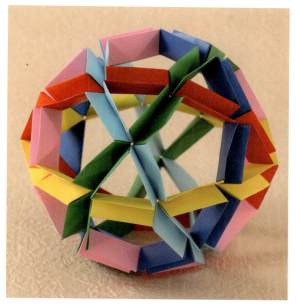
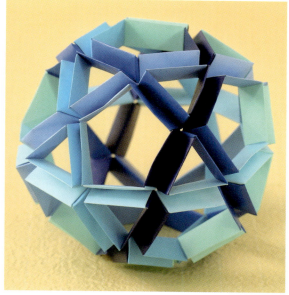

16 二そう舟ユニット 6色60枚組
折り方…17ページ／組み方…66ページ

17 薗部式ユニット
6色30枚組
折り方…20ページ／
組み方…72ページ

10 二そう舟ユニット **5色 30枚組** [その1]

◎作品…34ページ　※単色の作品 **5**（12ページ）もこの組み方で組めます

組み方 と 配色 の ポイント

「二そう舟ユニット」30枚組［その1］は、「正二十面体」が元となっています（下図参照）。「角」に5本の骨が集まることと、「角」の周りに三角形の「枠」が5個できることを念頭に作品を完成させましょう。5色組は、同色のユニットの方向が垂直に向かい合うように配色するのがポイントです。最初に5色5枚のユニットで「角」を組んだら、それぞれの骨が伸びる方向と反対側に同じ色のユニットを差し込んで三角形の「枠」をつくります。

▶ **組み方のポイント**

元となる多面体 ＝ **正二十面体**

角 ＝ **12個**

枠 ＝ △ が**20個**

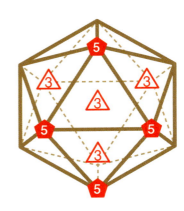

▶ **配色のポイント**

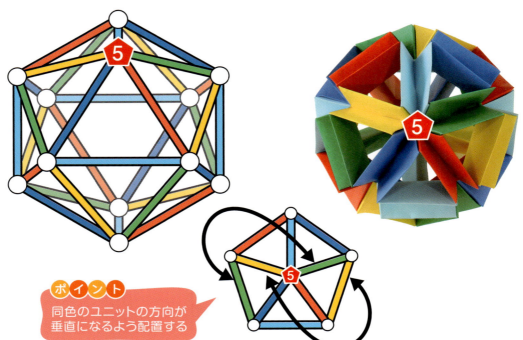

ポイント
同色のユニットの方向が垂直になるよう配置する

Part 2
色の組み合わせを楽しもう！

5色各6枚の「二そう舟ユニット」を使います

×6枚　×6枚　×6枚　×6枚　×6枚

折り方…17ページ

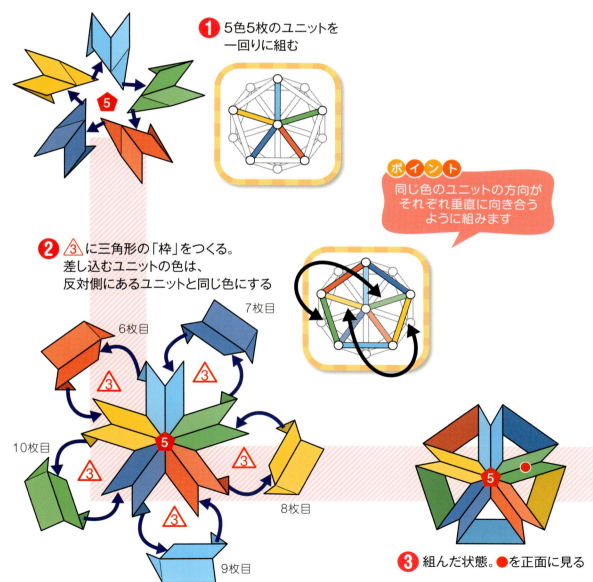

❶ 5色5枚のユニットを一回りに組む

ポイント 同じ色のユニットの方向がそれぞれ垂直に向き合うように組みます

❷ ③に三角形の「枠」をつくる。差し込むユニットの色は、反対側にあるユニットと同じ色にする

6枚目　7枚目　8枚目　9枚目　10枚目

❸ 組んだ状態。●を正面に見る

39

10 二そう舟ユニット 5色 30枚組 [その1]

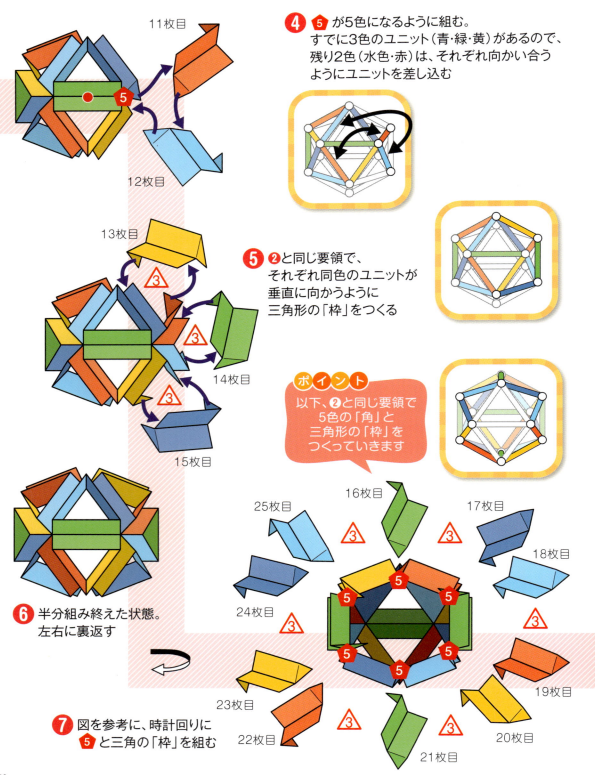

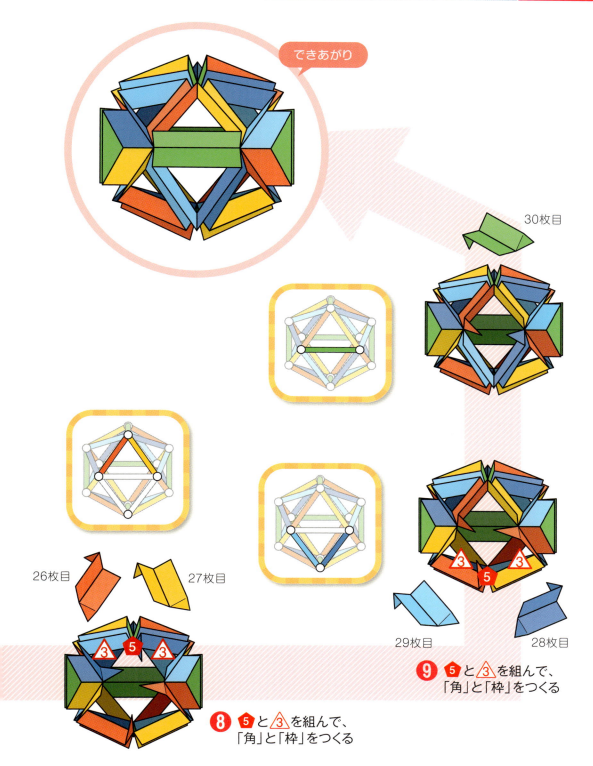

11 二そう舟ユニット 5色 30枚組 ［その2］

◎作品…34ページ　※単色の作品 6 （12ページ）もこの組み方で組めます

組み方と配色のポイント

30枚組の「二そう舟ユニット」は、「正十二面体」を元に組むこともできます（下図参照）。この場合、「角」は骨が3本、「枠」は五角形となります。五角形の「枠」は5色で組み、［その1］と同様、同色のユニットの方向が垂直に向かい合うように組むのがポイントです。ただし、「角」を優先的に組んだほうが比較的に途中で崩れにくいので、3色の「角」を組みながら5色の五角形をつくっていきます。

▶組み方のポイント

元となる多面体 ＝ **正十二面体**

角 ＝ **20個**

枠 ＝ ⬠ が **12個**

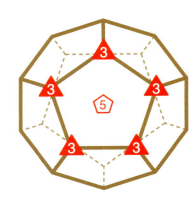

▶配色のポイント

ポイント　同色のユニットの方向が垂直になるよう配置する

Part 2 色の組み合わせを楽しもう！

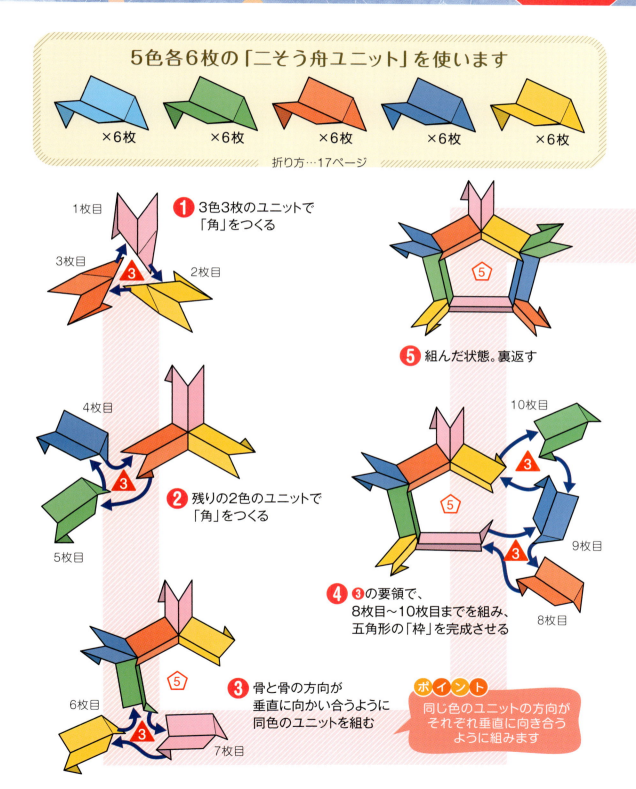

11 二そう舟ユニット 5色 30枚組 [その2]

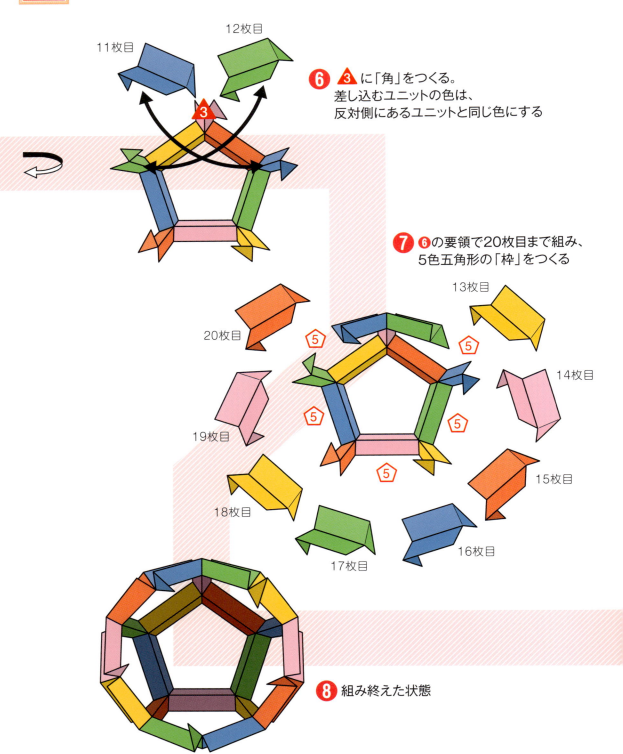

❻ ▲3 に「角」をつくる。差し込むユニットの色は、反対側にあるユニットと同じ色にする

❼ ❻の要領で20枚目まで組み、5色五角形の「枠」をつくる

❽ 組み終えた状態

Part 2
色の組み合わせを楽しもう！

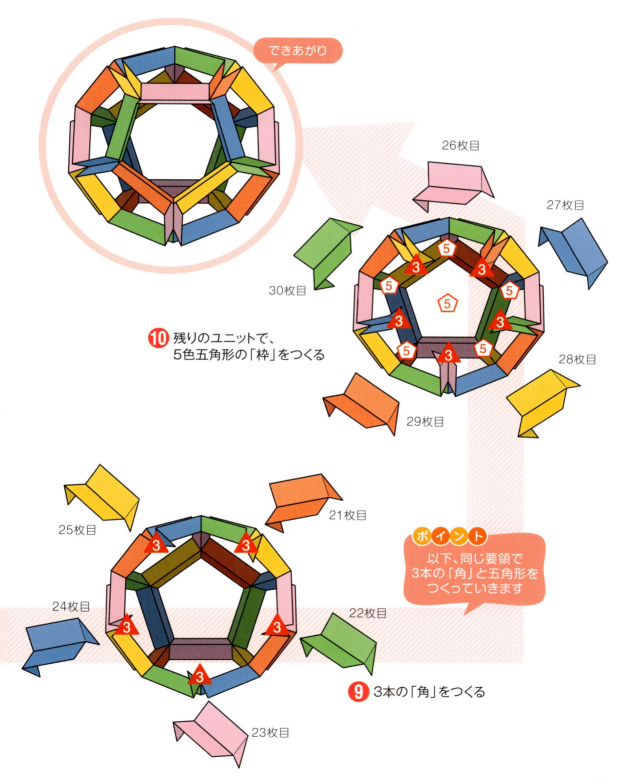

できあがり

❿ 残りのユニットで、5色五角形の「枠」をつくる

ポイント
以下、同じ要領で3本の「角」と五角形をつくっていきます

❾ 3本の「角」をつくる

45

12 薗部式ユニット 5色 30枚組

◎作品…35ページ　※単色の作品 9（14、15ページ）もこの組み方で組めます

組み方 と 配色 の ポイント

「薗部式ユニット」30枚組は、「正二十面体」が元となりますが、「枠」に相当する部分が「お山」、「角」に相当する部分が「星形」となり、組み上げた形状はまったく異なります。配色は、ほかの5色組作品と同じ原理ですが、表側からは向かい合うユニットの色がわかりにくいので、裏側を見て確認しながら組んでいきます。「薗部式ユニット」の「谷」の部分が垂直に向かい合うように同色のユニットを差し込んで作品を完成させます。

▶ 組み方のポイント

元となる多面体 = **正二十面体**

星形 = **12個**

お山 = **20個**

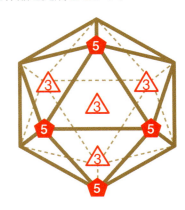

▶ 配色のポイント

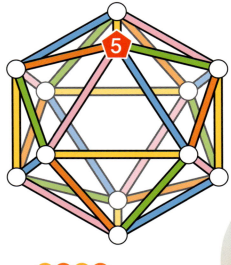

ポイント
10枚目まで組んで、裏側から見たところ。同色のユニットが向かい合うように組みます

Part 2
色の組み合わせを楽しもう！

5色各6枚の「薗部式ユニット」を使います

折り方…20ページ

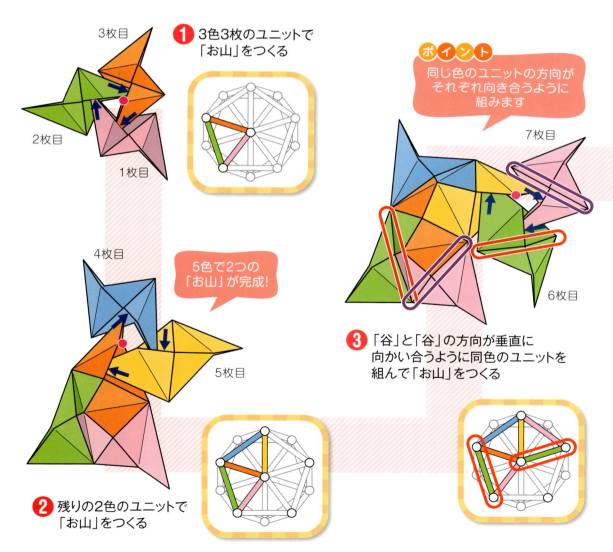

❶ 3色3枚のユニットで「お山」をつくる

ポイント
同じ色のユニットの方向がそれぞれ向き合うように組みます

5色で2つの「お山」が完成！

❷ 残りの2色のユニットで「お山」をつくる

❸ 「谷」と「谷」の方向が垂直に向かい合うように同色のユニットを組んで「お山」をつくる

12 薗部式ユニット 5色 30枚組

❹ ❸の配色の要領で、8枚目〜10枚目まで組み、「お山」を5個完成させる

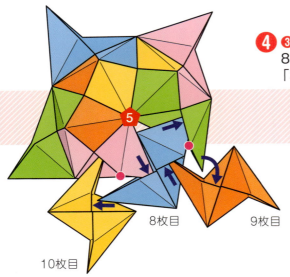

ポイント
⑤が5色の星形になっていることを確認したら、以下、同じ要領で「お山」を時計回りにつくりながら5色の⑤を完成させます

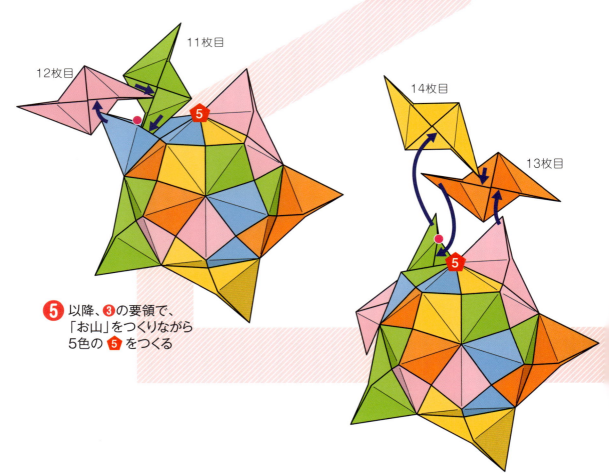

❺ 以降、❸の要領で、「お山」をつくりながら5色の⑤をつくる

Part 2 色の組み合わせを楽しもう！

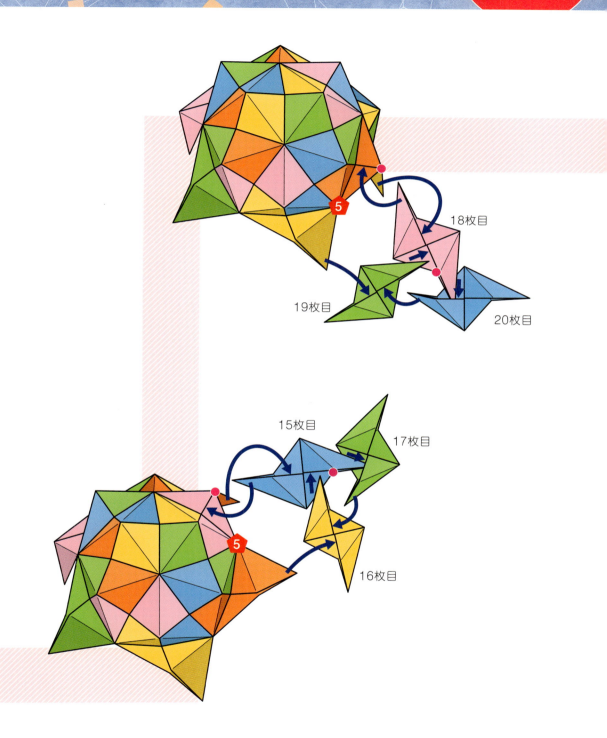

18枚目
19枚目
20枚目

15枚目
17枚目
16枚目

12 薗部式ユニット 5色 30枚組

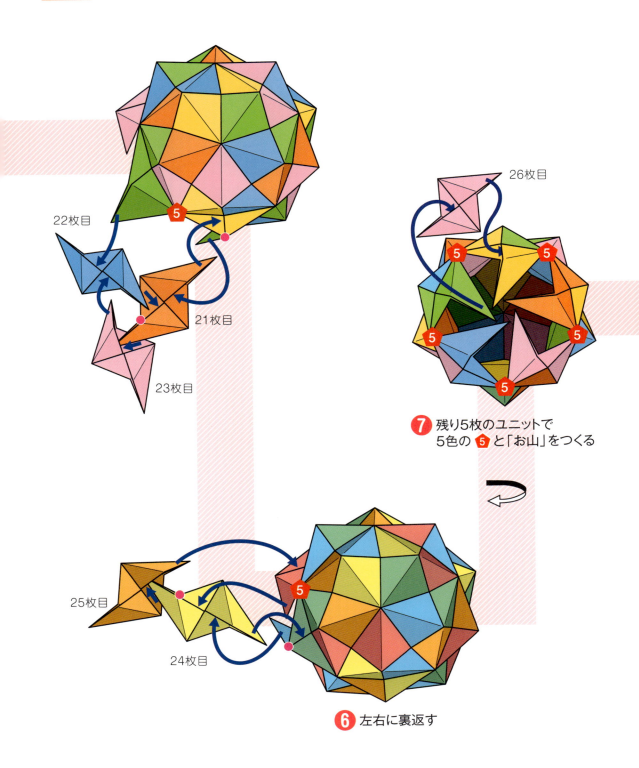

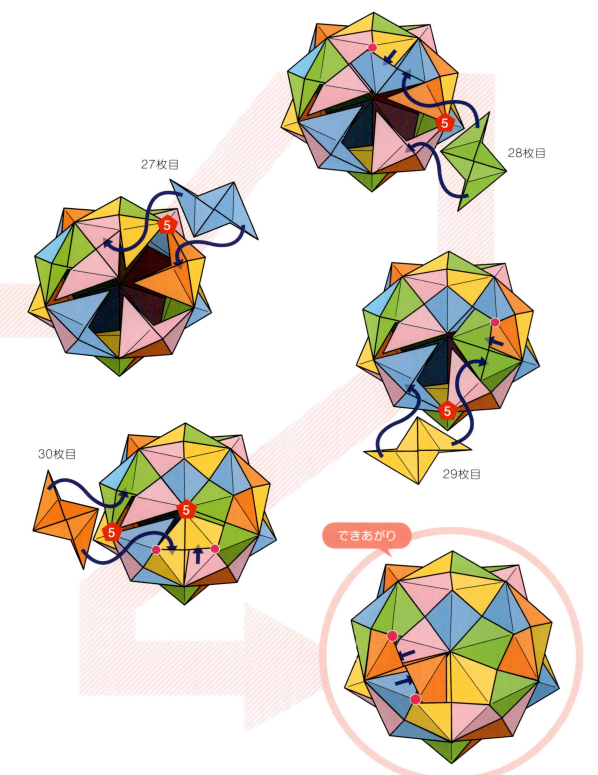

Part 2 色の組み合わせを楽しもう！

13 二そう舟ユニット 3色 30枚組 [その1]

◎作品…36ページ

組み方 と 配色 の ポイント

「二そう舟ユニット」30枚組は3色でつくることもできます。この作品は「正二十面体」が元となっているので、5本からなる「角」と三角形の「枠」を構成するユニットの色が隣同士にならないように組んでいきます。失敗なく組み上げるためには、「11枚目」のユニットの色と差し込む位置が重要なポイントとなります（下図参照）。それ以降は、色が確定する場所を選んでユニットを組んで作品を完成させます。

▶ 組み方のポイント

元となる多面体 ＝ 正二十面体

角 ＝ 12個

枠 ＝ △が20個

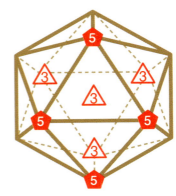

▶ 配色のポイント

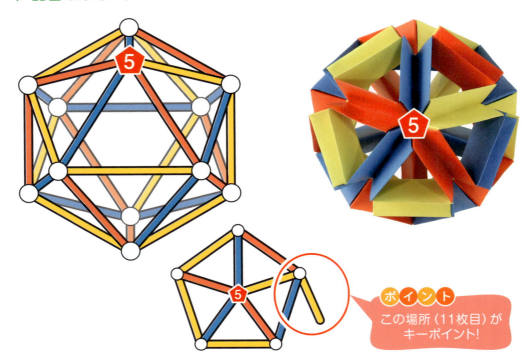

ポイント
この場所（11枚目）がキーポイント！

Part 2
色の組み合わせを楽しもう！

3色各10枚の「二そう舟ユニット」を使います

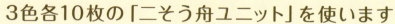

折り方…17ページ

❶ 同じ色が隣同士にならないように3色のユニットで5本の骨組みをつくる

❷ それぞれ残りの色のユニットで3色の三角形の「枠」をつくる

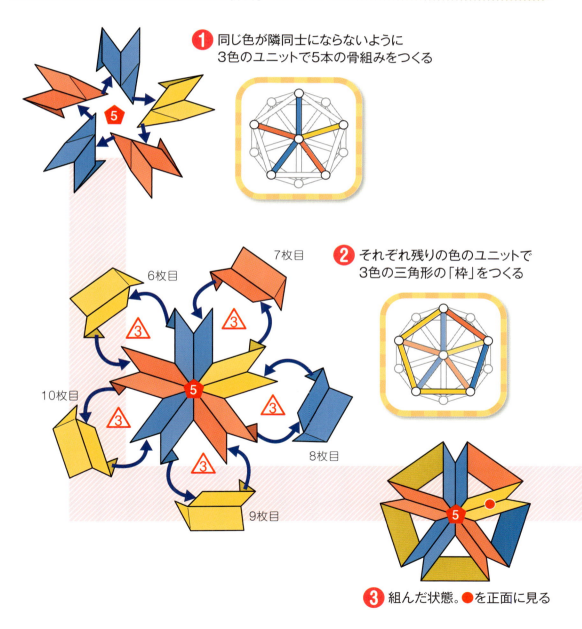

❸ 組んだ状態。●を正面に見る

53

13 二そう舟ユニット 3色 30枚組 [その1]

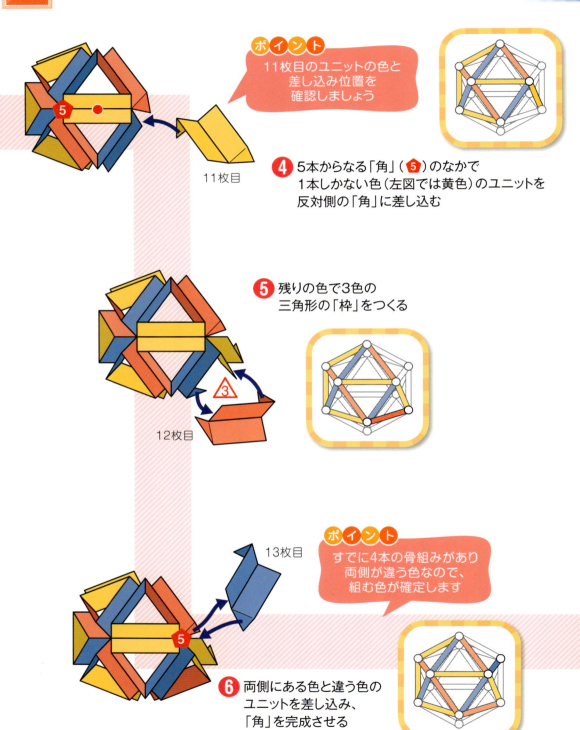

ポイント 11枚目のユニットの色と差し込み位置を確認しましょう

11枚目

❹ 5本からなる「角」（⑤）のなかで1本しかない色（左図では黄色）のユニットを反対側の「角」に差し込む

❺ 残りの色で3色の三角形の「枠」をつくる

12枚目

13枚目

ポイント すでに4本の骨組みがあり両側が違う色なので、組む色が確定します

❻ 両側にある色と違う色のユニットを差し込み、「角」を完成させる

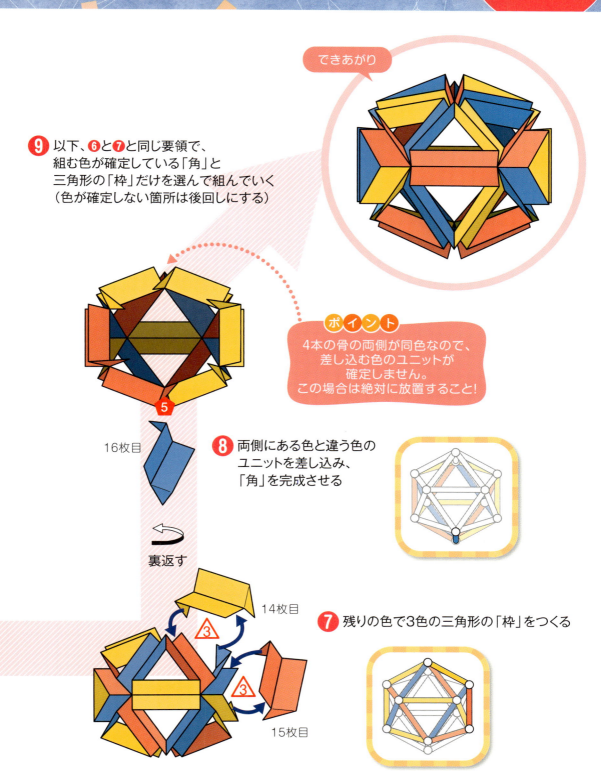

14 二そう舟ユニット 3色 30枚組 ［その2］

◎作品…36ページ

組み方と配色のポイント

「正十二面体」が元となるこの作品も、3色で組む場合は「11枚目」がポイントとなります（下図参照）。11枚目以降は3枚3色の「角」をつくることを優先しながら、色が確定する場所を選び、組んでいきます。5枚のユニットからなる「枠」がすでに4本ある状態（あと1本で五角形の「枠」完成）の場合は、両側のユニットが違う色かどうか確認してから残りの色を差し込みます。両側が同色の場合は絶対に放置（スルー）すること。

▶ 組み方のポイント

元となる多面体 ＝ 正十二面体

角 ＝ 20個

枠 ＝ ⬠ が12個

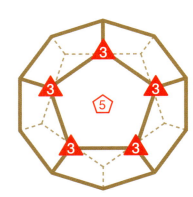

▶ 配色のポイント

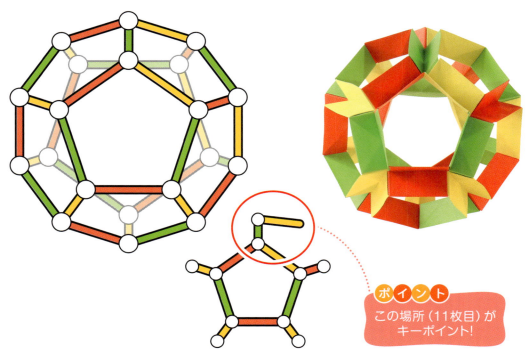

ポイント
この場所（11枚目）が
キーポイント！

56

Part 2
色の組み合わせを楽しもう！

3色各10枚の「二そう舟ユニット」を使います

折り方…17ページ

❶ 3色3枚のユニットで「角」を組む

❷ 同じ色のユニットが隣同士にならないように「角」を組みながら、五角形の「枠」を完成させる

❸ 組んだ状態。●を正面に見る

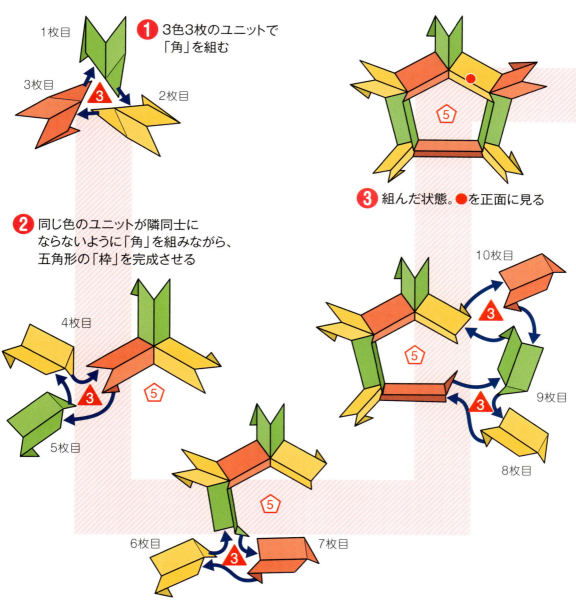

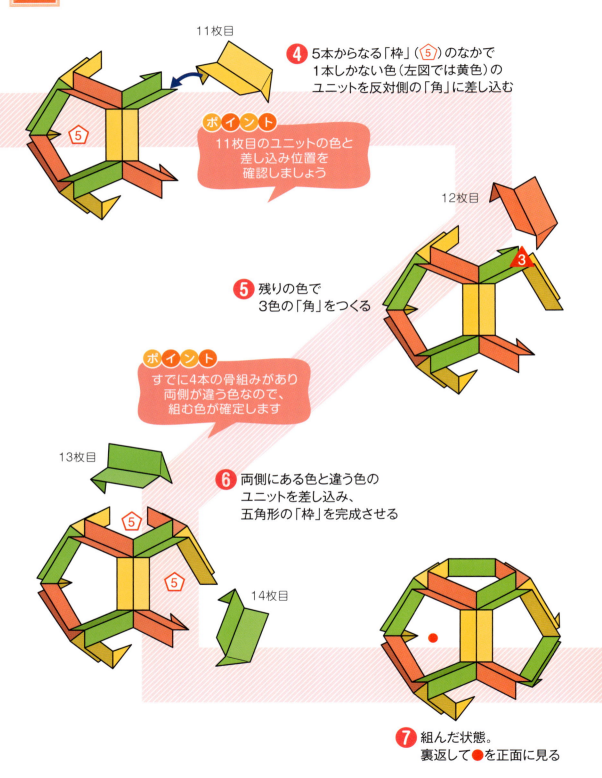

Part 2
色の組み合わせを楽しもう！

できあがり

❿ 以下、❽と❾と同じ要領で、3色の「角」と色が確定している五角形の「枠」だけを選んで組んでいく（色が確定しない箇所は後回しにする）

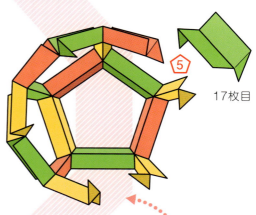

❾ 両側にある色と違う色のユニットを差し込み、五角形の「枠」を完成させる

17枚目

ポイント
4本の骨の両側が同色なので、差し込む色のユニットが確定しません。この場合は絶対に放置すること！

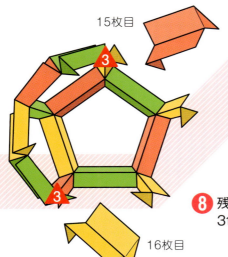

15枚目

16枚目

❽ 残りの色で3色の角をつくる

15 薗部式ユニット 3色 30枚組

◎作品…36ページ

組み方と配色のポイント

組み上がりの形状は異なりますが、配色の考え方は3色組の「二そう舟ユニット」と同じです。「お山」と星形の「角」の部分が同じ色で重ならないように組むこと、「11枚目」のユニットの色と差し込む位置を間違えないようにすることがポイントです（下図参照）。

▶組み方のポイント

元となる多面体 ＝ **正二十面体**

星形 ＝ **12個**

お山 ＝ **20個**

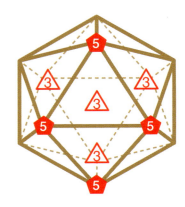

▶配色のポイント

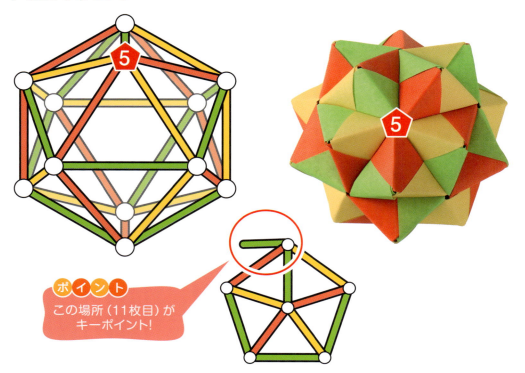

ポイント
この場所（11枚目）が
キーポイント！

60

Part 2 色の組み合わせを楽しもう！

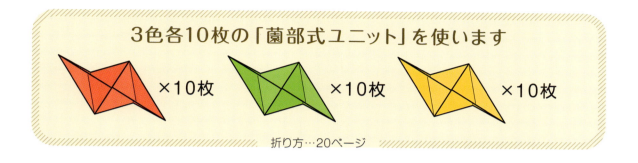

3色各10枚の「薗部式ユニット」を使います

×10枚　　×10枚　　×10枚

折り方…20ページ

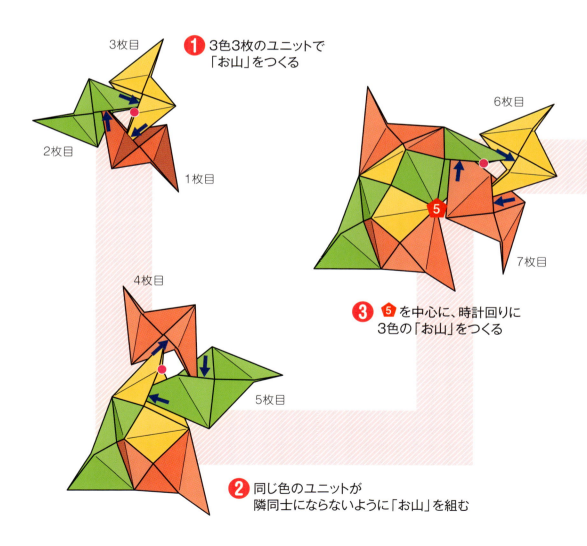

❶ 3色3枚のユニットで「お山」をつくる

❷ 同じ色のユニットが隣同士にならないように「お山」を組む

❸ ❺を中心に、時計回りに3色の「お山」をつくる

61

15 薗部式ユニット 3色 30枚組

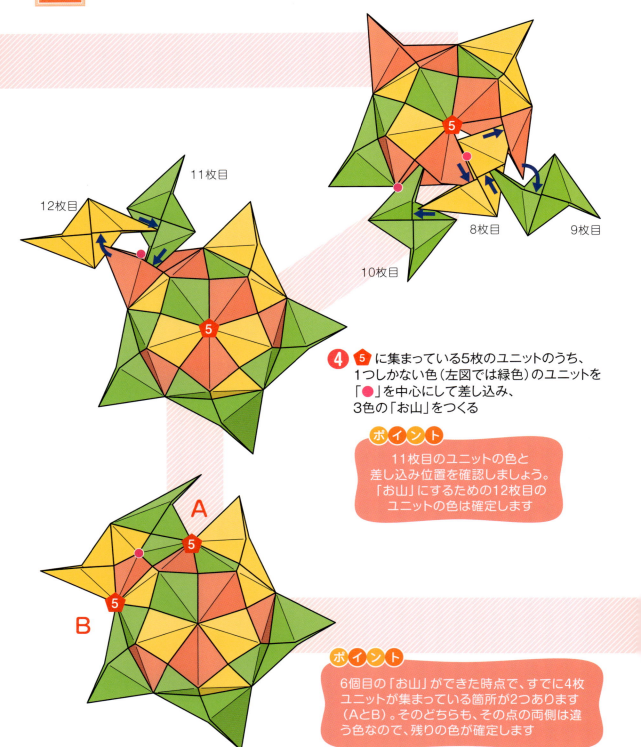

④ 5 に集まっている5枚のユニットのうち、
1つしかない色（左図では緑色）のユニットを
「●」を中心にして差し込み、
3色の「お山」をつくる

ポイント
11枚目のユニットの色と
差し込み位置を確認しましょう。
「お山」にするための12枚目の
ユニットの色は確定します

ポイント
6個目の「お山」ができた時点で、すでに4枚
ユニットが集まっている箇所が2つあります
（AとB）。そのどちらも、その点の両側は違
う色なので、残りの色が確定します

62

Part 2
色の組み合わせを楽しもう！

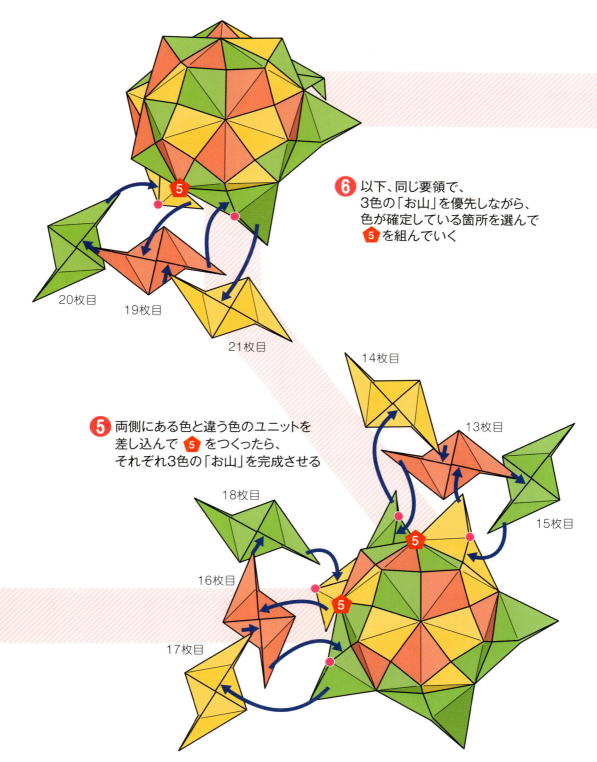

❻ 以下、同じ要領で、3色の「お山」を優先しながら、色が確定している箇所を選んで ❺ を組んでいく

❺ 両側にある色と違う色のユニットを差し込んで ❺ をつくったら、それぞれ3色の「お山」を完成させる

15 薗部式ユニット 3色 30枚組

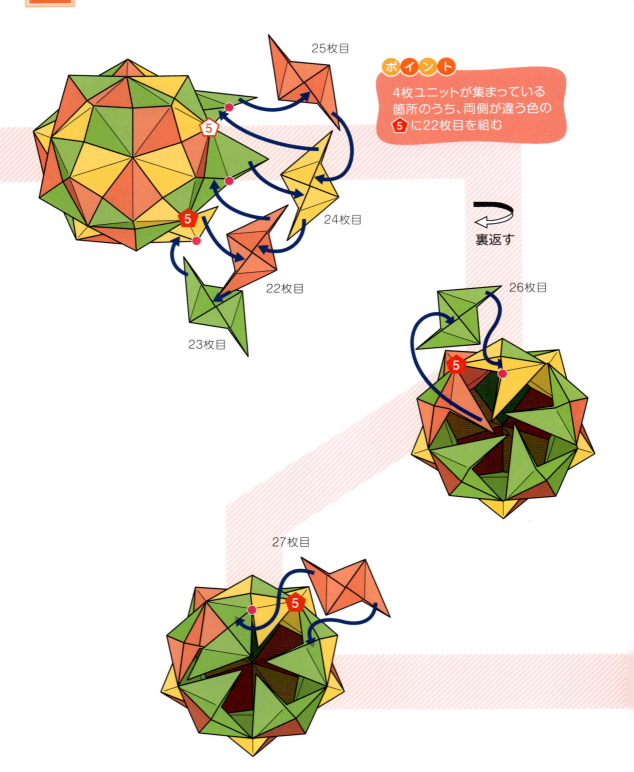

Part 2

色の組み合わせを楽しもう！

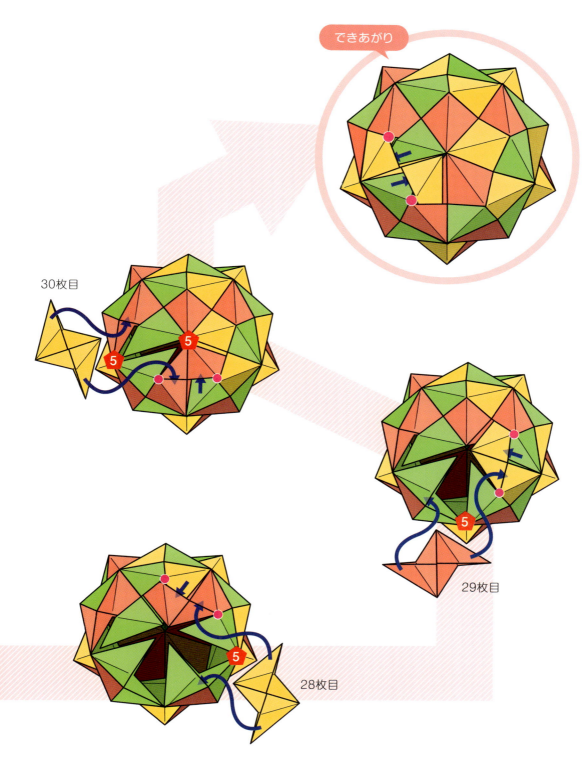

できあがり

30枚目

29枚目

28枚目

16 二そう舟ユニット **6色 60枚組**

◎作品…37ページ　※単色の作品 7（13ページ）もこの組み方で組めます

組み方と配色のポイント

「二そう舟ユニット」60枚組は、「二十・十二面体」が元となっています（下図参照）。この多面体は三角形と五角形からなり、「角」にあたる箇所には4本の骨が集まっています。まず、五角形の「枠」を5色で組むことからはじめて、4本の骨からなる「角」が2色で交互になるようユニットを差し込みます。このように組みながら3色の三角形の「枠」をつくっていくと、10枚同色のユニットが一周する60枚組の作品が完成します。

▶ **組み方のポイント**

　元となる多面体 ＝ **二十・十二面体**

　角 ＝ **30個**

　枠 ＝ △ が **20個**、⬠ が **12個**

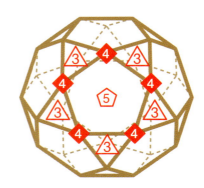

▶ **配色のポイント**

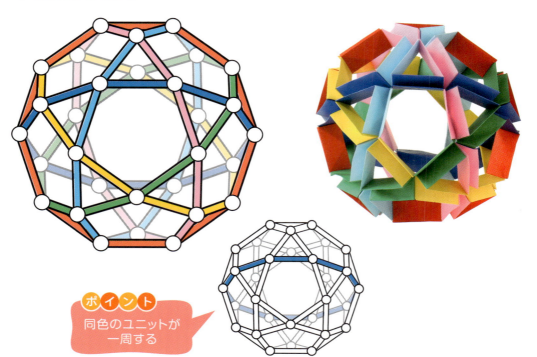

ポイント 同色のユニットが一周する

Part 2 色の組み合わせを楽しもう！

6色各10枚の「二そう舟ユニット」を使います

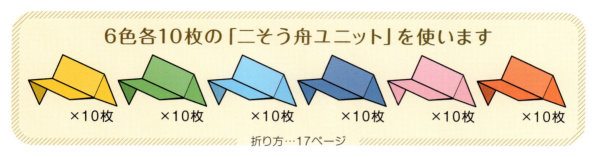

折り方…17ページ

❶ 5色5枚のユニットで、五角形の「枠」をつくる

❷ 「角」が2色で交互になるようにユニットを差し込みながら、三角形の「枠」をつくる

ポイント　「角」が2色で交互になるように組みます

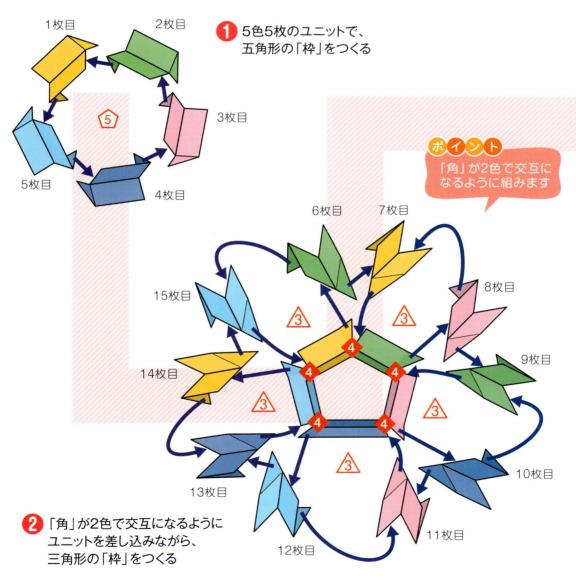

67

16 二そう舟ユニット 6色 60枚組

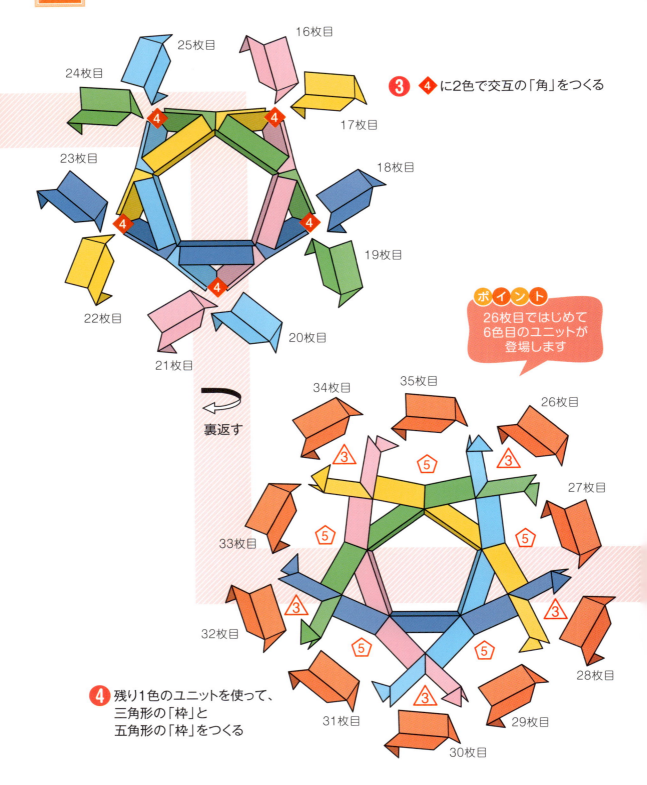

Part 2
色の組み合わせを楽しもう！

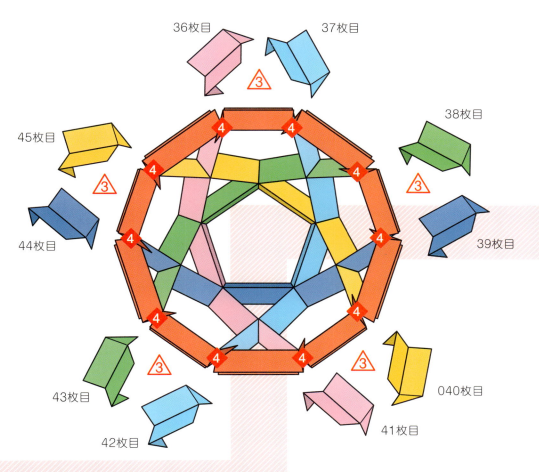

❺ ④に2色で交互の「角」をつくる

16 二そう舟ユニット 6色 60枚組

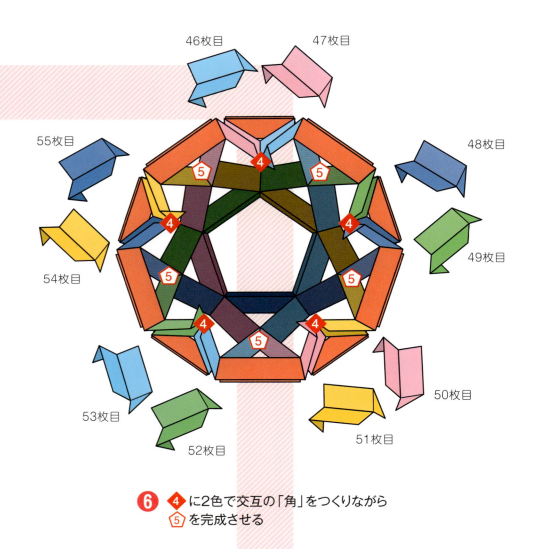

❻ ④に2色で交互の「角」をつくりながら ⑤を完成させる

Part 2
色の組み合わせを
楽しもう！

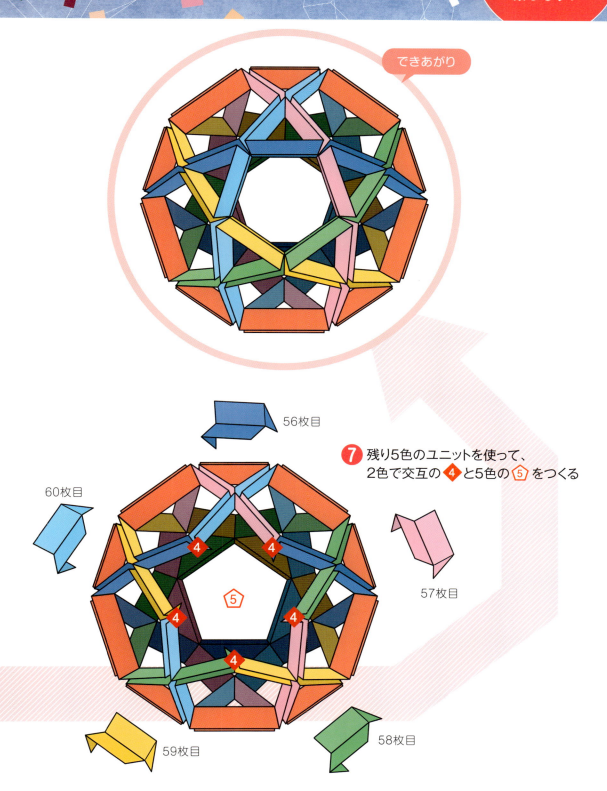

できあがり

❼ 残り5色のユニットを使って、
2色で交互の❹と5色の⑤をつくる

56枚目
60枚目
57枚目
58枚目
59枚目

71

17 薗部式ユニット 6色 30枚組

◎作品…37ページ

組み方と配色のポイント

「二そう舟ユニット」の6色組の配色方法は、「薗部式ユニット」の6色組にも応用できます。ただ、「薗部式ユニット」の場合は、「角」ではなく＊の箇所が同色になるように組んでいきます（下図参照）。3色で「お山」を組んだら＊と同じ色のユニットを選んで差し込み、さらに新しい色のユニットを追加して2個目の「お山」をつくります。この要領で最後まで組んでいけば、「二そう舟ユニット」の6色組と同様、6色がそれぞれ一周する模様ができあがります。

▶ 組み方のポイント

元となる多面体 ＝ 正二十面体

星形 ＝ 12個

お山 ＝ 20個

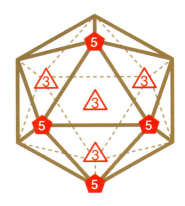

▶ 配色のポイント

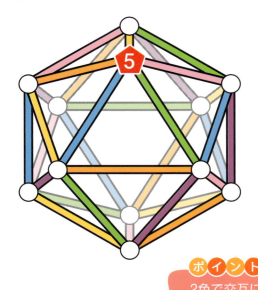

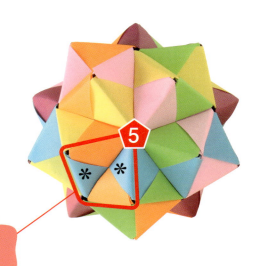

ポイント
2色で交互に谷をはさむ

Part 2 色の組み合わせを楽しもう！

6色各5枚の「薗部式ユニット」を使います

×5枚　×5枚　×5枚　×5枚　×5枚　×5枚

折り方…20ページ

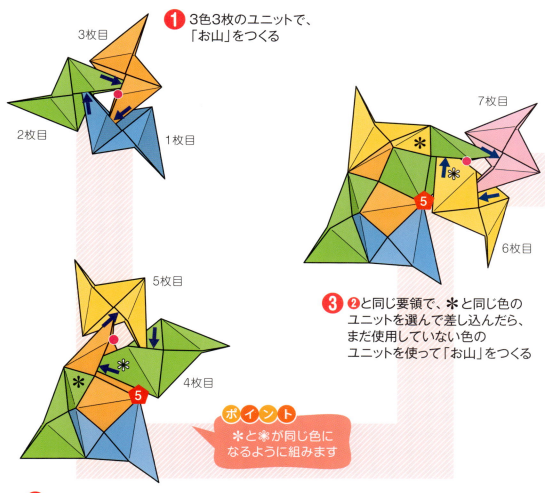

❶ 3色3枚のユニットで、「お山」をつくる

❷ 4枚目は✳と同じ色のユニットを選んで差し込む（組み図では緑）。5枚目は❶で使用していない色のユニットを使って「お山」をつくる

❸ ❷と同じ要領で、✳と同じ色のユニットを選んで差し込んだら、まだ使用していない色のユニットを使って「お山」をつくる

ポイント
✳と❋が同じ色になるように組みます

17 薗部式ユニット 6色 30枚組

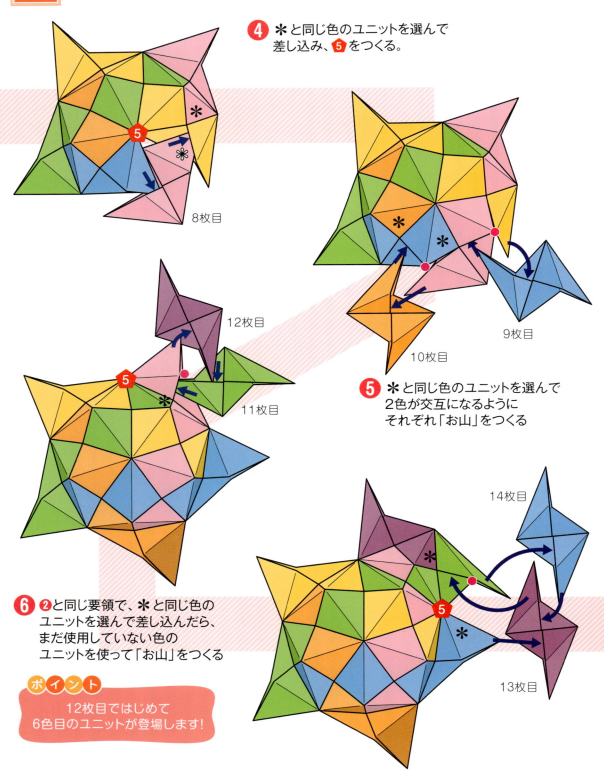

④ ✲と同じ色のユニットを選んで差し込み、❺をつくる。

❺ ✲と同じ色のユニットを選んで2色が交互になるようにそれぞれ「お山」をつくる

❻ ❷と同じ要領で、✲と同じ色のユニットを選んで差し込んだら、まだ使用していない色のユニットを使って「お山」をつくる

ポイント
12枚目ではじめて6色目のユニットが登場します！

Part 2 色の組み合わせを楽しもう！

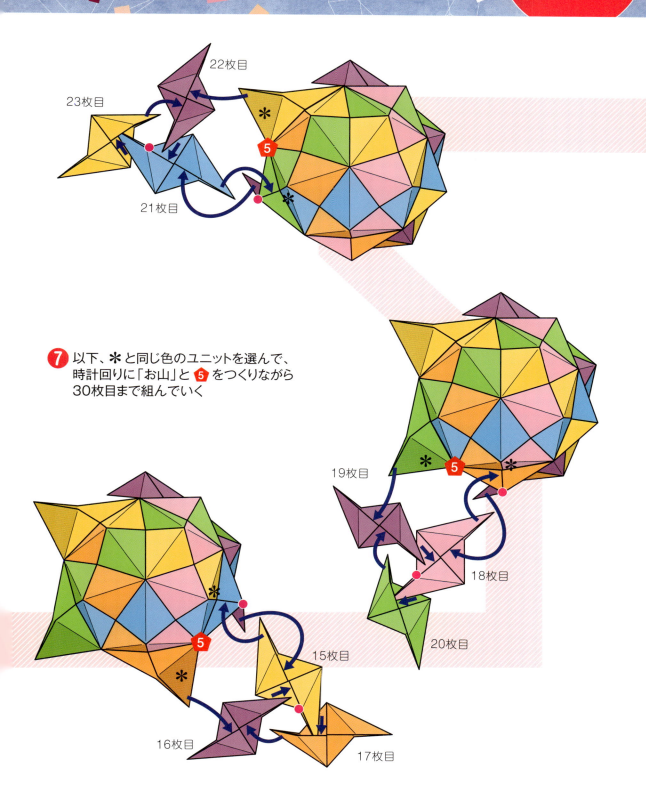

❼ 以下、✻と同じ色のユニットを選んで、時計回りに「お山」と ⑤ をつくりながら30枚目まで組んでいく

75

17 薗部式ユニット 6色 30枚組

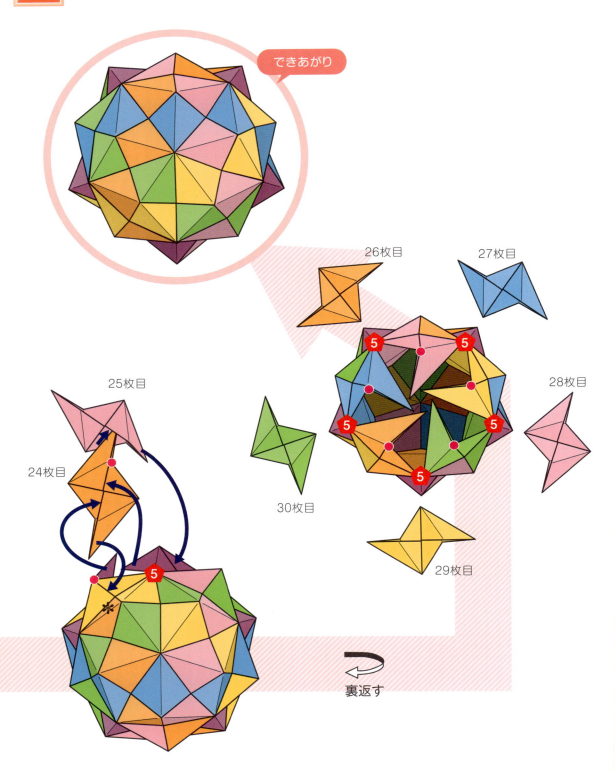

Part 3

「二そう舟ユニット」の派生系ユニット

「二そう舟ユニット」は、構造や組み方が比較的容易で、できあがり作品が単純なものになりかねません。一方で、単純な元の形状にさまざまな折りを加えることにより、極めて多彩に、いわば千変万化します。このPartでは、その派生系ユニットの折り方と、ユニットの結合の仕方を紹介します。

18 二そう舟ユニット A-1
作り方…97ページ

30枚組（その1）
[表裏別色・両面折り紙]
表：黒／裏：赤

6枚組
[表裏別色・両面折り紙]
表：水玉柄／裏：水色

6枚組
[表裏別色・両面折り紙]
表：赤／裏：ピンク

24枚組[単柄]

19 二そう舟ユニット A-2
作り方…100ページ

30枚組(その1)[3色]

20 二そう舟ユニット A-3
作り方…103ページ

24枚組[4色]

30枚組(その1)[単柄]

24枚組［単柄］

21 二そう舟ユニット A-4
作り方…105ページ

22 二そう舟ユニット A-5
作り方…106ページ

30枚組（その1）[単柄]

12枚組（その1）[3色]

30枚組（その1）[3色]

12枚組（その2）[3色]

23 **二そう舟ユニット B-1**
作り方…108ページ

24 二そう舟ユニット B-2
作り方…109ページ

30枚組（その1）[単柄]

12枚組（その1）[単柄]

6枚組 [単柄]

30枚組（その1）[5色]

25 二そう舟ユニット B-3
作り方…110ページ

12枚組（その1）[3色]

26 二そう舟ユニット B-4
作り方…111ページ

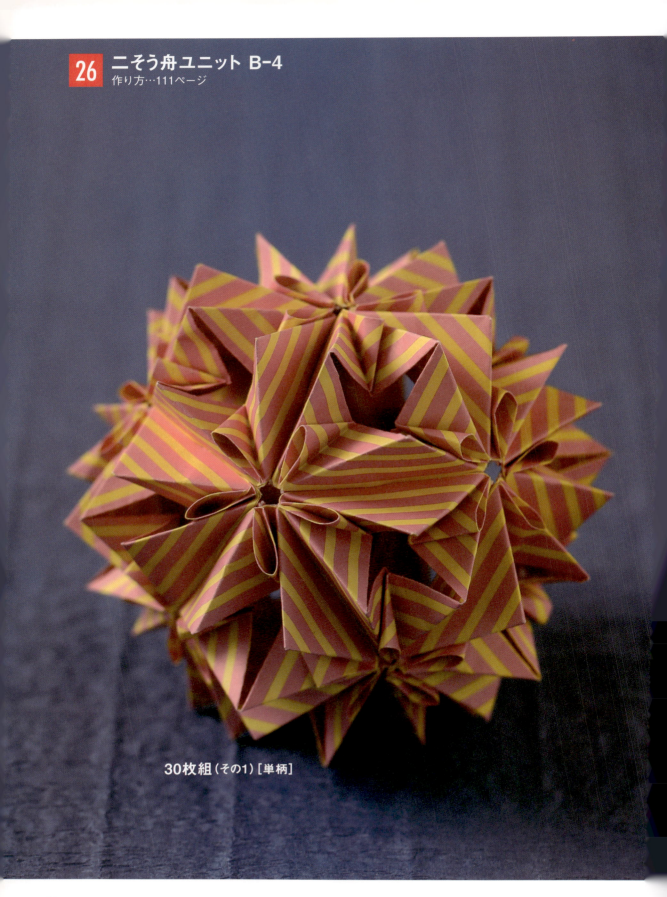

30枚組（その1）［単柄］

27 二そう舟ユニット B-5
作り方…114ページ

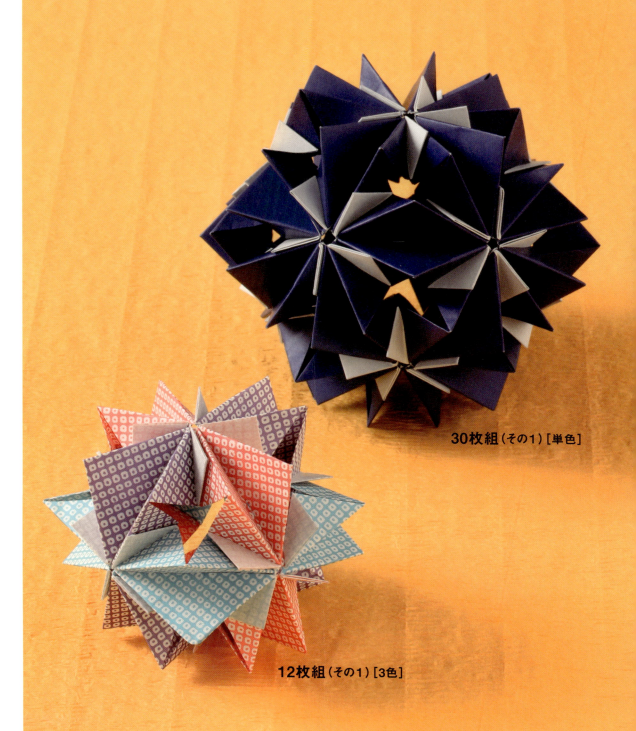

30枚組（その1）[単色]

12枚組（その1）[3色]

30枚組（その1）[5色]

6枚組 [3色]

28 二そう舟ユニット C-1
作り方…117ページ

29 二そう舟ユニット C-2
作り方…120ページ

30枚組(その1)[単柄]

12枚組(その1)[3色]

30 二そう舟ユニット C-3
作り方…121ページ

30枚組（その1）[単柄]

12枚組（その1）[3色]

31 二そう舟ユニット D-1
作り方…122ページ

30枚組（その1）
[5色・両面同色]

32 **二そう舟ユニット D-2**
作り方…124ページ

30枚組（その1）［単柄］

30枚組（その1）［3色］

30枚組（その1）
[5色・両面同色]

33 二そう舟ユニット E-1
作り方…126ページ

30枚組（その1）[単柄]

93

30枚組（その1）[単柄]

34 二そう舟ユニット E-2
作り方…128ページ

35 二そう舟ユニット F-1
作り方…130ページ

30枚組（その2）
[5色・両面同色]

12枚組（その2）[3色]

36 二そう舟ユニット F-2
作り方…132ページ

30枚組（その2）
[3色・両面同色]

12枚組（その2）[単柄]

12枚組（その2）[3色]

18 二そう舟ユニット A-1

◎作品…78ページ　◎組み方…6枚組／24ページ、30枚組／38ページ参照

Part 3 「二そう舟ユニット」の派生系ユニット

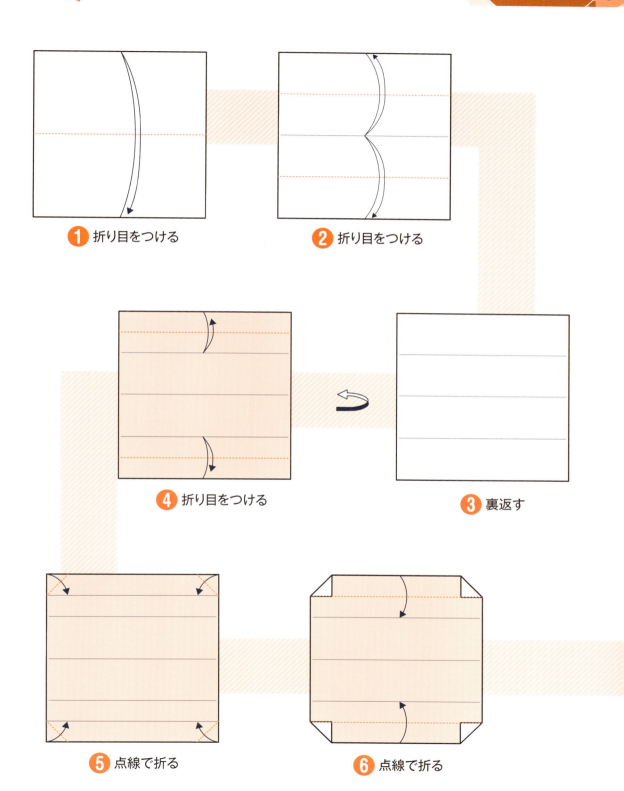

18 二そう舟ユニット A-1

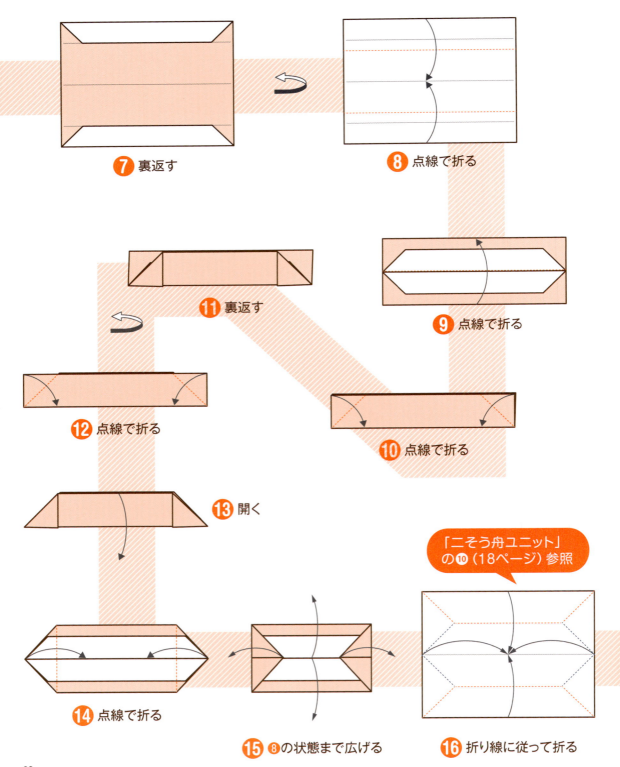

Part 3 「二そう舟ユニット」の派生系ユニット

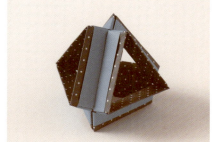

できあがり

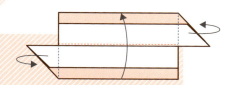

⑳ 折ってから自然に広げる

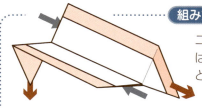

組み方のポイント
ユニットの差し込み方法は、「二そう舟ユニット」と同じです。

詳細は **結合方法 1** （19ページ）参照

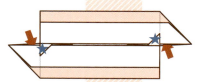

⑲ 袋状の部分の中に★印のはみ出し部分を挟み込む

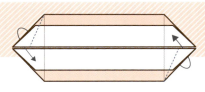

⑰ 山折りに折る

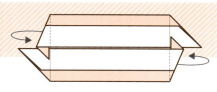

⑱ 巻くように山折りに折る

99

19 二そう舟ユニット A-2

◎作品…79ページ　◎組み方…24枚組／28ページ、30枚組／52ページ参照

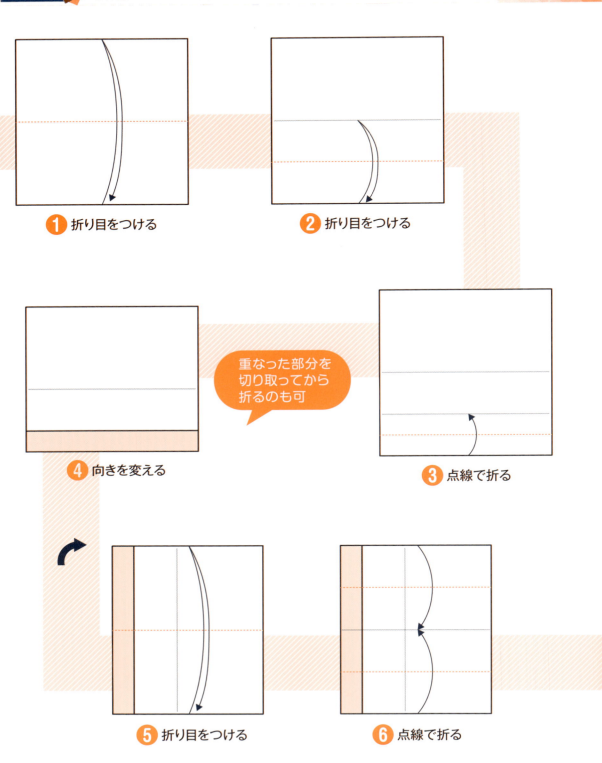

Part 3 「二そう舟ユニット」の派生系ユニット

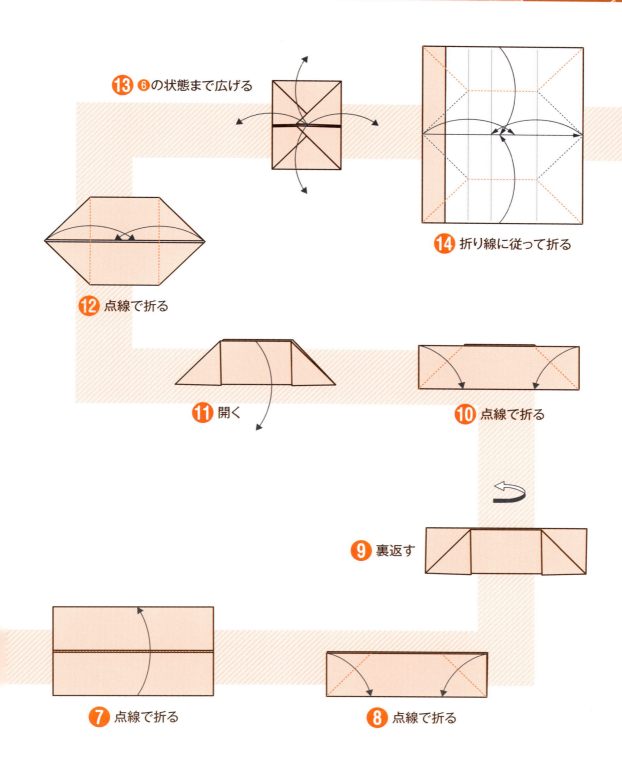

19 二そう舟ユニット A-2

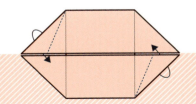
⑮ 山折りに折る

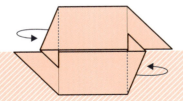
⑯ 巻くように山折りに折る

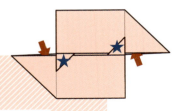
⑰ 袋状の部分の中に★印のはみ出し部分を挟み込む

⑱ 折ってから自然に広げる

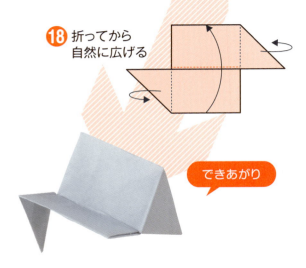

できあがり

組み方のポイント

ユニットの差し込み方法は、「二そう舟ユニット」と同じです。

詳細は **結合方法 1**
（19ページ）参照

102

20 二そう舟ユニット A-3

Part 3 「二そう舟ユニット」の派生系ユニット

◎作品…80ページ　◎組み方…24枚組／28ページ、30枚組／38ページ参照

「二そう舟ユニット」の⑪（18ページ）からはじめる

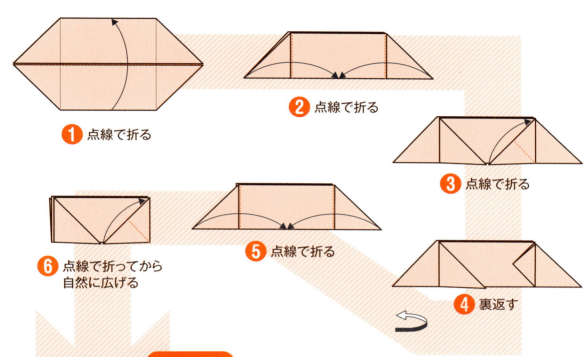

❶ 点線で折る
❷ 点線で折る
❸ 点線で折る
❹ 裏返す
❺ 点線で折る
❻ 点線で折ってから自然に広げる

できあがり

組み方のポイント

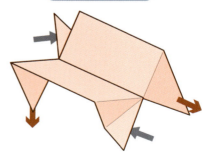

4カ所に出ているヒレ状の部分のうち、折れたほうがソケットに、まっすぐなほうがプラグになります。差し込むときはソケットをまっすぐに広げてからプラグを奥まで入れます。

詳細は　結合方法 2 （104ページ）参照

103

結合方法 2

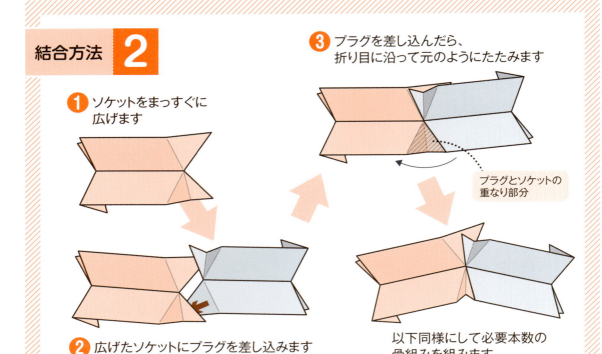

① ソケットをまっすぐに広げます

② 広げたソケットにプラグを差し込みます

③ プラグを差し込んだら、折り目に沿って元のようにたたみます

プラグとソケットの重なり部分

以下同様にして必要本数の骨組みを組みます

配色のポイント

4色24枚組の組み方

4色各6枚のユニットを使います

24枚組の作品は、立方八面体が元となっています。4色組は、四角形の「枠」が4色になることと、ユニット4枚からなる「角」が2色交互になるように組むことがポイントです。同じ色が6枚で一周する作品ができあがります。

立方八面体

21 二そう舟ユニット A-4

◎作品…81ページ　◎組み方…24枚組／28ページ参照

Part 3　「二そう舟ユニット」の派生系ユニット

「二そう舟ユニット」の ⑪（18ページ）からはじめる

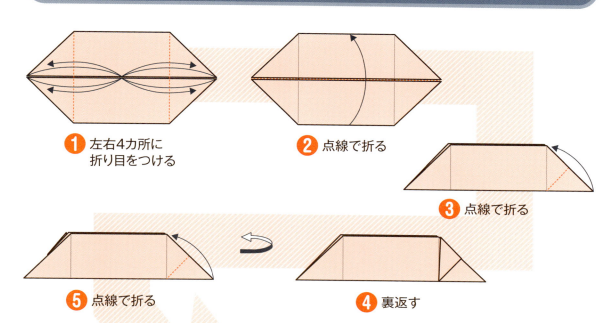

1. 左右4カ所に折り目をつける
2. 点線で折る
3. 点線で折る
4. 裏返す
5. 点線で折る

できあがり

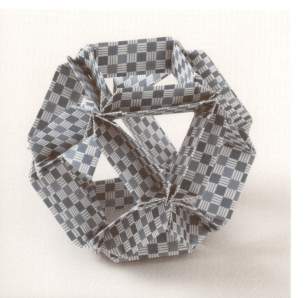

組み方のポイント

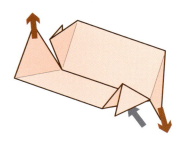

ユニットの差し込み方法は「二そう舟ユニットA-3」と同様、ソケットをまっすぐに広げてプラグを差し込みますが、ソケットの折が逆（山折り）になります。

詳細は　結合方法 2 （104ページ）参照

105

22 二そう舟ユニット A-5

◎作品…82ページ　◎組み方…12枚組／26ページ、30枚組／38ページ参照

「二そう舟ユニット」の⓫（18ページ）からはじめる

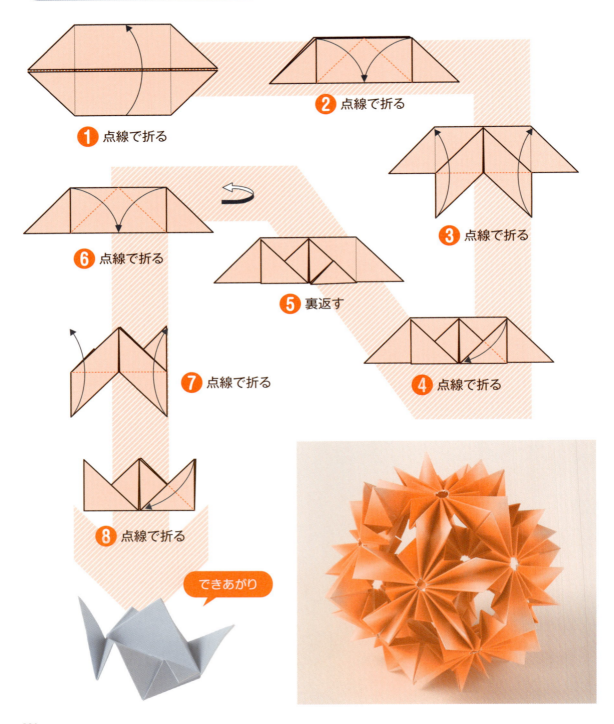

Part 3 「二そう舟ユニット」の派生系ユニット

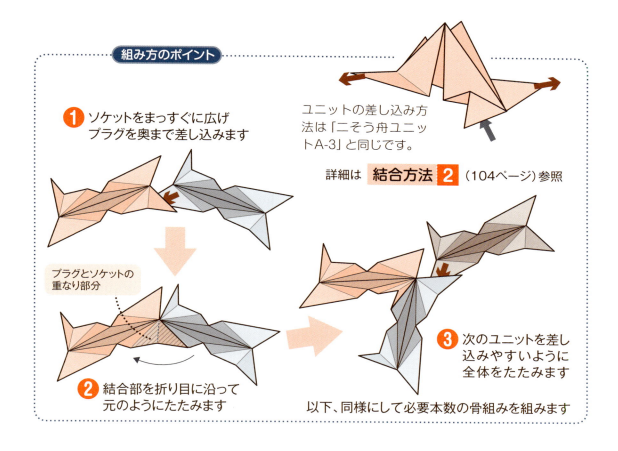

配色のポイント

3色12枚組(その1)の組み方

3色各4枚のユニットを使います

3色12枚組（その1）の作品は、正八面体が元となっています。ユニット4枚からなる「角」が2色交互になること、三角形の「枠」が3色になるように組みます。同じ色が4枚で一周する作品ができあがります。

正八面体

107

23 二そう舟ユニット B-1

◎作品…83ページ　◎組み方…12枚組／25ページ、30枚組／52ページ参照

「二そう舟ユニット」の ⑪（18ページ）からはじめる

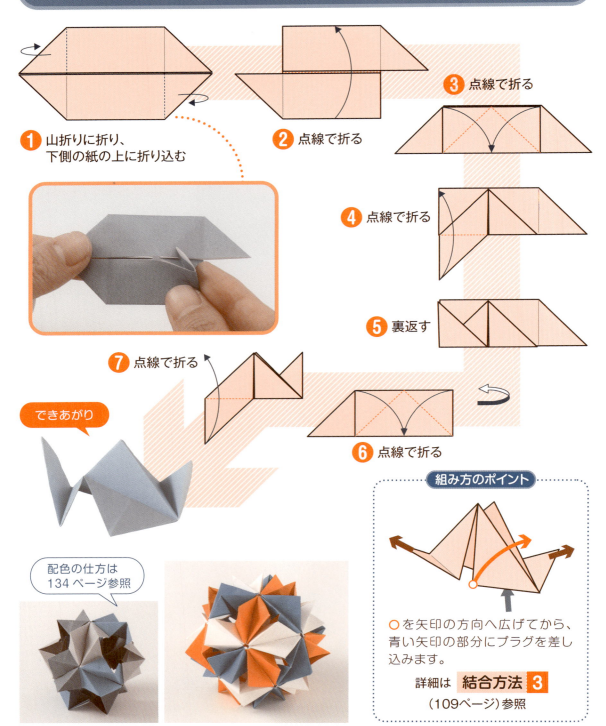

24 二そう舟ユニット B-2

◎作品…84ページ
◎組み方…6枚組／24ページ、12枚組／26ページ、30枚組／38ページ参照

Part 3 「二そう舟ユニット」の派生系ユニット

「二そう舟ユニットB-1」のできあがり（108ページ）からはじめる

❶ 折り目をつける

❷ 裏返す

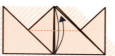
❸ 折り目をつける

できあがり

組み方のポイント

○を矢印の方向へひろげてから青い矢印の部分にプラグを差し込みます。

詳細は **結合方法 3** 下図参照

「二そう舟ユニットB-1」（108ページ）と同じ方法で全体を組み上げてからすべてのユニットの折り目を適当に開きます

結合方法 3

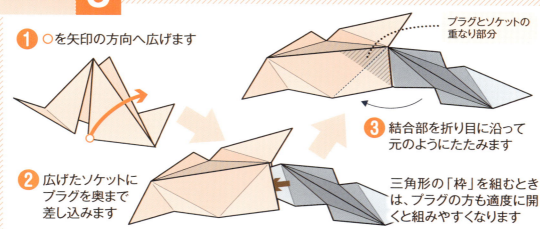

❶ ○を矢印の方向へ広げます

❷ 広げたソケットにプラグを奥まで差し込みます

プラグとソケットの重なり部分

❸ 結合部を折り目に沿って元のようにたたみます

三角形の「枠」を組むときは、プラグの方も適度に開くと組みやすくなります

25 二そう舟ユニット B-3

◎作品…85ページ　◎組み方…12枚組／26ページ、30枚組／38ページ参照

「二そう舟ユニットB-1」の ❸（108ページ）からはじめる

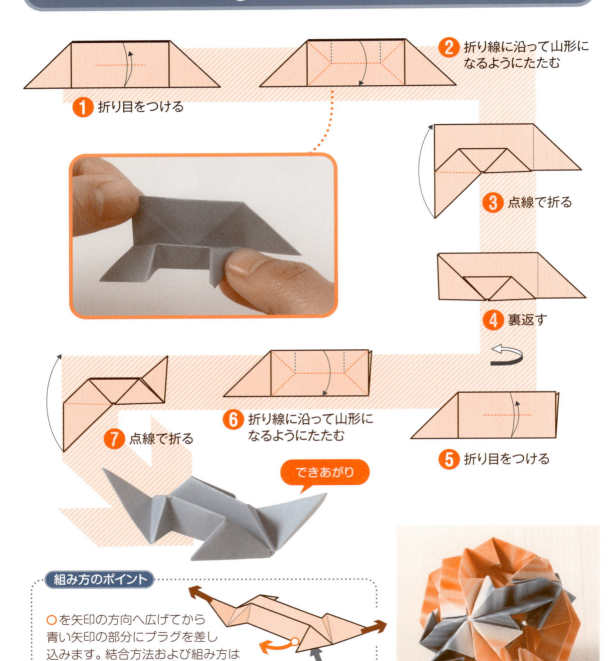

110

26 二そう舟ユニット B-4

◎作品…86ページ　◎組み方…30枚組/38ページ参照

Part 3　「二そう舟ユニット」の派生系ユニット

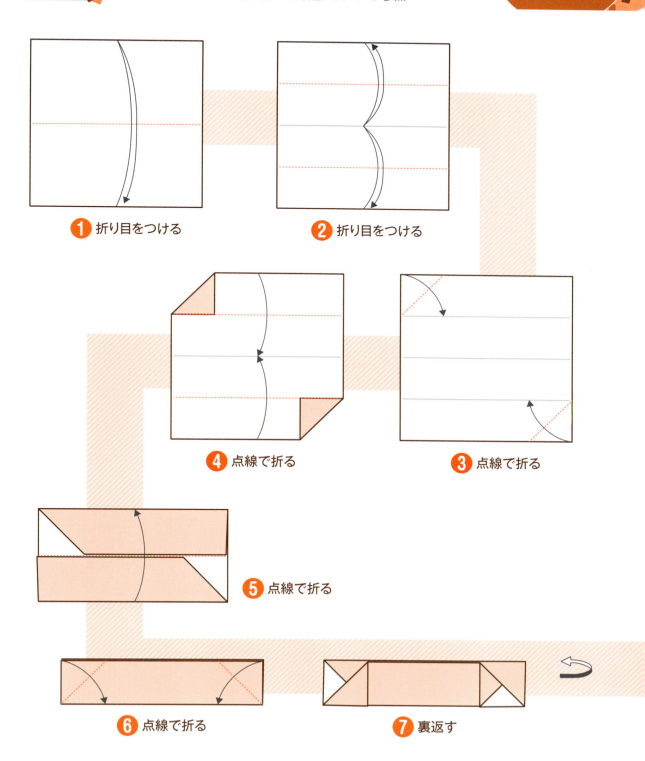

26 二そう舟ユニット B-4

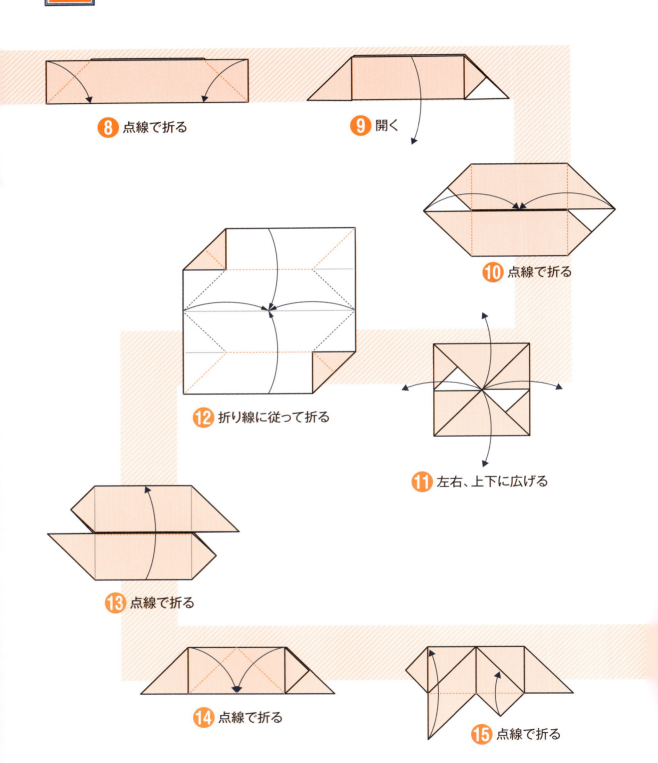

Part 3 「二そう舟ユニット」の派生系ユニット

組み方のポイント

〇を矢印の方向へ広げてから青い矢印の部分にプラグを差し込みます。結合方法および組み方は「二そう舟ユニットB-1」と同じです。

詳細は **結合方法 3** （109ページ）参照

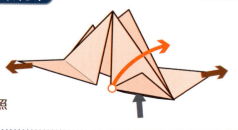

でき上がり

「二そう舟ユニットB-1」にヒレが付いたユニットです。ヒレの部分は、作品をすべて組み上げてから、開きます。

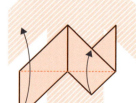

⑱ 点線で折る

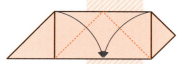

⑰ 点線で折る

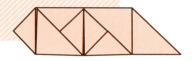

⑯ 裏返す

113

27 二そう舟ユニット B-5

◎作品…87ページ　◎組み方…12枚組／26ページ、30枚組／38ページ参照

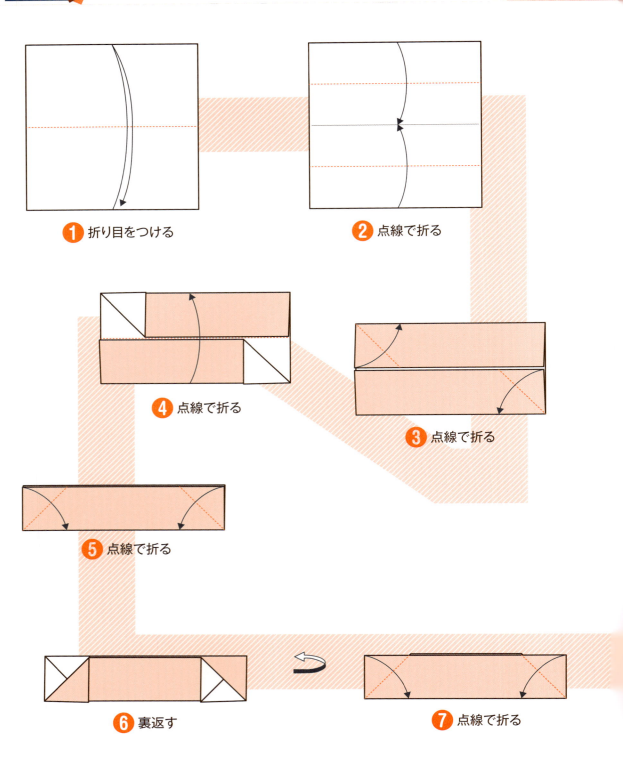

1 折り目をつける
2 点線で折る
3 点線で折る
4 点線で折る
5 点線で折る
6 裏返す
7 点線で折る

Part 3 「二そう舟ユニット」の派生系ユニット

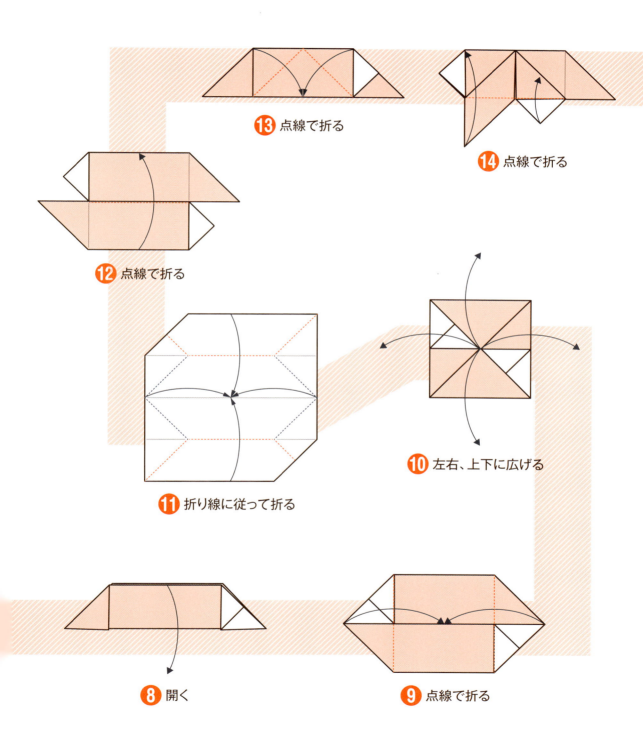

27 二そう舟ユニット B-5

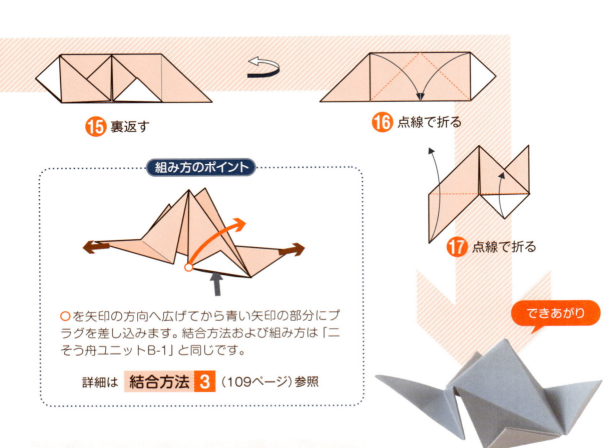

⑮ 裏返す

⑯ 点線で折る

⑰ 点線で折る

できあがり

組み方のポイント

○を矢印の方向へ広げてから青い矢印の部分にプラグを差し込みます。結合方法および組み方は「二そう舟ユニットB-1」と同じです。

詳細は **結合方法 3** （109ページ）参照

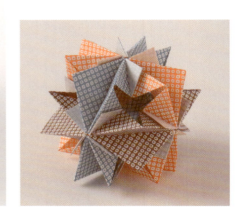

28 二そう舟ユニット C-1

◎作品…88ページ　◎組み方…6枚組／24ページ、30枚組／38ページ参照

Part 3 「二そう舟ユニット」の派生系ユニット

「二そう舟ユニット」の ❾ (17ページ) からはじめる

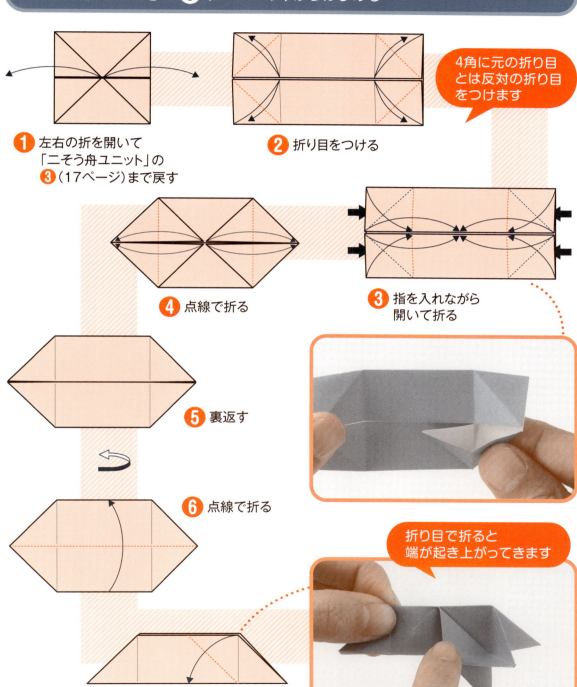

❶ 左右の折を開いて「二そう舟ユニット」の ❸ (17ページ) まで戻す

❷ 折り目をつける

4角に元の折り目とは反対の折り目をつけます

❹ 点線で折る

❸ 指を入れながら開いて折る

❺ 裏返す

❻ 点線で折る

折り目で折ると端が起き上がってきます

❼ 点線で折る

117

28 二そう舟ユニット C-1

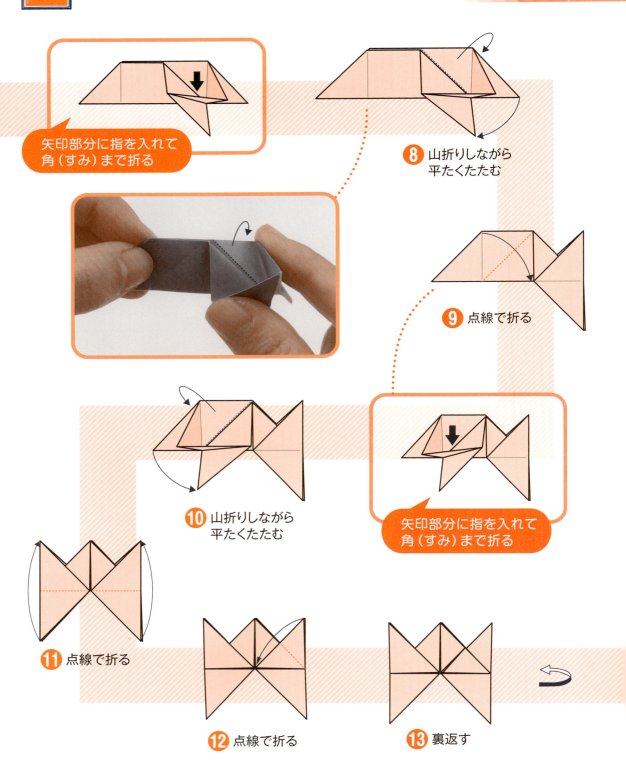

Part 3 「二そう舟ユニット」の派生系ユニット

配色のポイント

3色6枚組の組み方

3色各2枚のユニットを使います

6枚組は、三角形の「枠」が4つからなる正四面体が元となっています。三角形の「枠」と3枚の「角」が3色になるように組みます。

正四面体

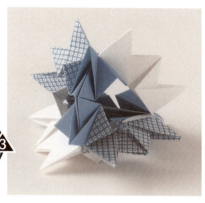

組み方のポイント

ユニットの差し込み方法は「二そう舟ユニットA-3」と同じです。ソケットをまっすぐに広げてからプラグを差し込みます。

詳細は **結合方法 2** （104ページ）参照

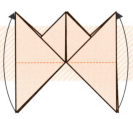

⑭ 点線で折る

⑮ 点線で折る

できあがり

119

29 二そう舟ユニット C-2

◎作品…89ページ　◎組み方…12枚組／26ページ、30枚組／38ページ参照

「二そう舟ユニットC-1」の⑪（118ページ）からはじめる

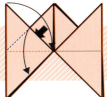
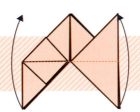
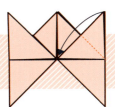
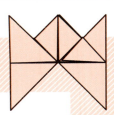

❶ 開くように折る　❷ 点線で折る　❸ 点線で折る　❹ 裏返す

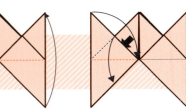

❼ 点線で折る　❻ 点線で折る　❺ 開くように折る

できあがり

組み方のポイント

ユニットの結合方法は「二そう舟ユニットA-3」と同様ですが、小さなヒレも一緒にソケットに差し込みます。

詳細は **結合方法 2**（104ページ）参照

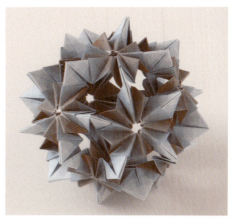

120

二そう舟ユニット C-3

Part 3 「二そう舟ユニット」の派生系ユニット

◎作品…90ページ　◎組み方…12枚組／26ページ、30枚組／38ページ参照

「二そう舟ユニットC-2」のできあがり（120ページ）からはじめる

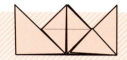

❶ 折り目をつける　　❷ 裏返す　　❸ 折り目をつける

組み方のポイント

ユニットの差し込み方法は「二そう舟ユニットA-3」と同じです。小さなヒレも一緒にソケットに差し込みます。

詳細は 結合方法 **2** （104ページ）参照

できあがり

全体を組み上げてから、すべてのユニットの折り目をつけます。

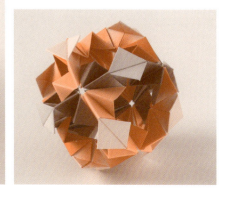

121

31 二そう舟ユニット D-1

◎作品…91ページ　◎組み方…30枚組／38ページ参照

「二そう舟ユニットC-1」の ❺（117ページ）からはじめる

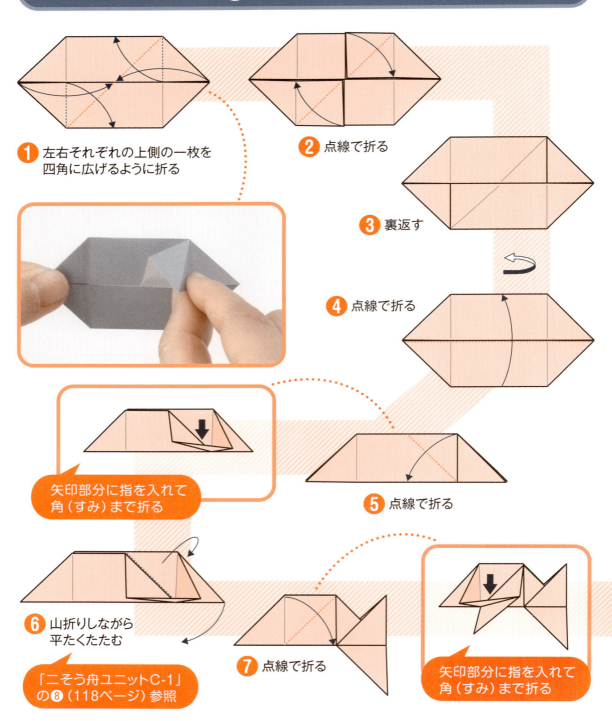

❶ 左右それぞれの上側の一枚を四角に広げるように折る

❷ 点線で折る

❸ 裏返す

❹ 点線で折る

矢印部分に指を入れて角（すみ）まで折る

❺ 点線で折る

❻ 山折りしながら平たくたたむ

「二そう舟ユニットC-1」の ❽（118ページ）参照

❼ 点線で折る

矢印部分に指を入れて角（すみ）まで折る

122

Part 3
「二そう舟ユニット」の派生系ユニット

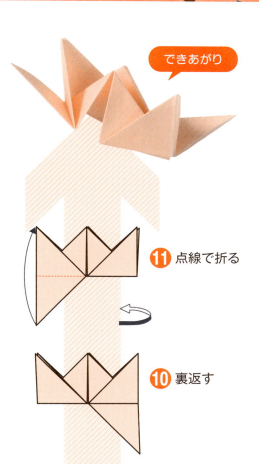

できあがり

⑪ 点線で折る

⑩ 裏返す

⑨ 点線で折る

⑧ 山折りしながら平たくたたむ

組み方のポイント

○を矢印の方向へ広げてから、青い矢印の部分の一枚下にプラグを差し込み、折り目に沿って元のように折りたたみます。

詳細は **結合方法 3**（109ページ）参照

プラグとソケットの重なり部分

途中で崩れやすく、組むのが極めて難しいユニットですが、組み上がりは意外としっかりとしています。どうしても組めないときは、ごく少量の糊を使用してもいいでしょう。

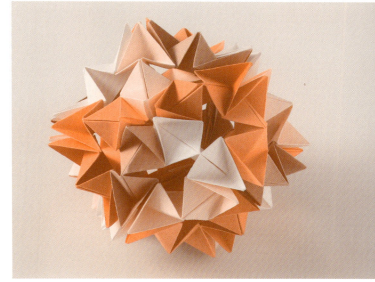

123

32 二そう舟ユニット D-2

◎作品…92ページ　◎組み方…30枚組／52ページ参照

「二そう舟ユニットD-1」の ❾（123ページ）からはじめる

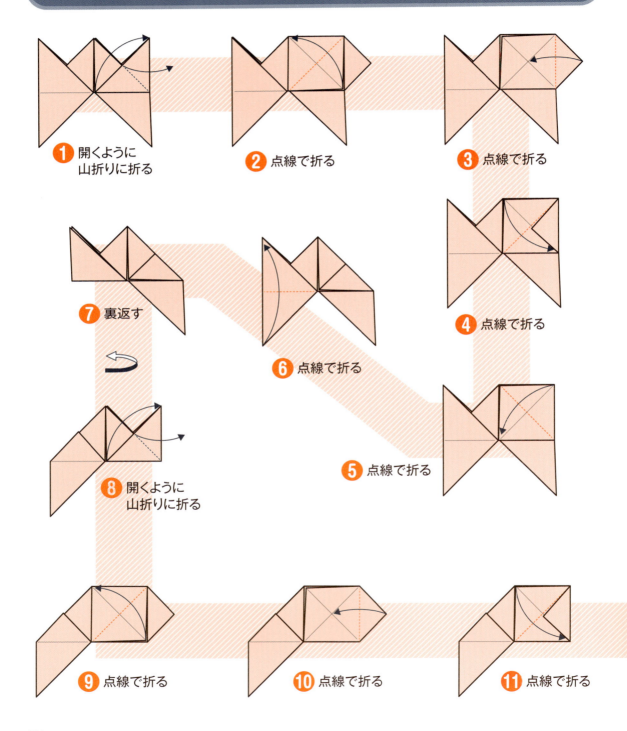

Part 3 「二そう舟ユニット」の派生系ユニット

結合方法 4

① ○を矢印の方向へ広げ、ソケットを平らに伸ばします

② ソケットの一枚目の下にプラグを奥まで差し込みます

③ 結合部を折り目に沿って元のようにたたみます

プラグとソケットの重なり部分

組み方のポイント

詳細は **結合方法 4** 上図参照

⑫ 点線で折る

⑬ 点線で折る

できあがり

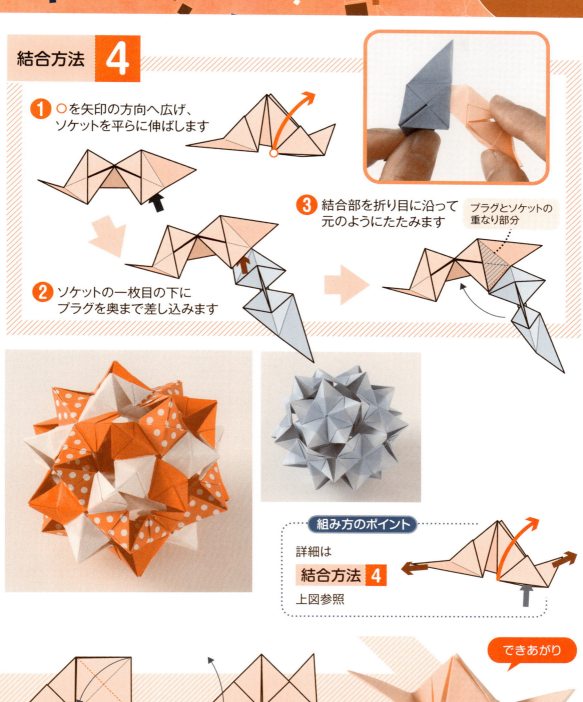

33 二そう舟ユニット E-1

◎作品…93ページ　◎組み方…30枚組／38ページ参照

「二そう舟ユニットC-1」の❻（117ページ）からはじめる

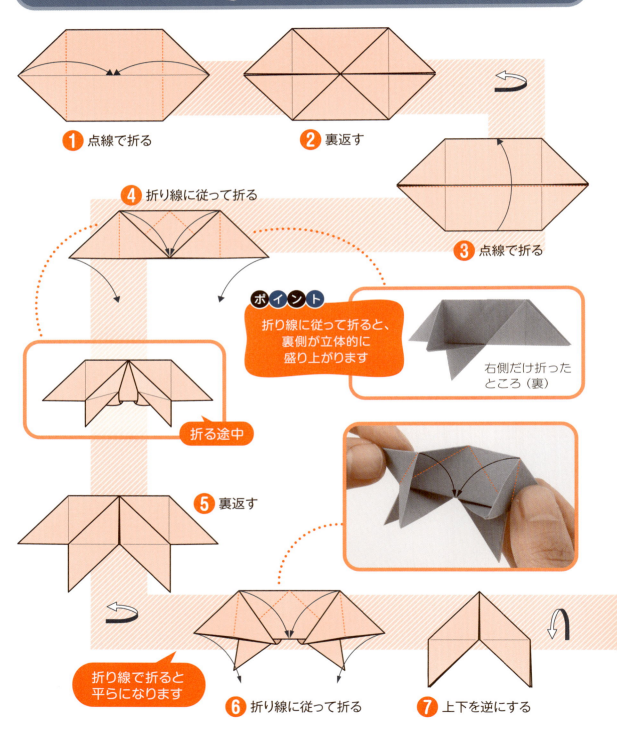

Part 3 「二そう舟ユニット」の派生系ユニット

組み方のポイント

ユニットの差し込み方法は「二そう舟ユニットA-3」と同じです。ソケットをまっすぐに広げてからプラグを差し込みます。

詳細は **結合方法 2** （104ページ）参照

できあがり

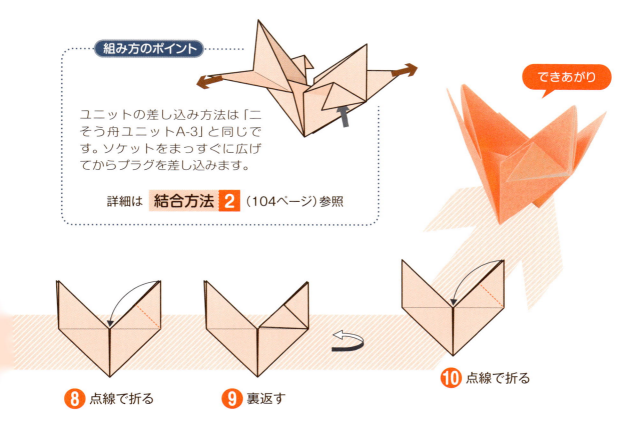

❽ 点線で折る

❾ 裏返す

❿ 点線で折る

127

34 二そう舟ユニット E-2

◎作品…94ページ　◎組み方…30枚組／38ページ参照

「二そう舟ユニットC-1」の ❻（117ページ）からはじめる

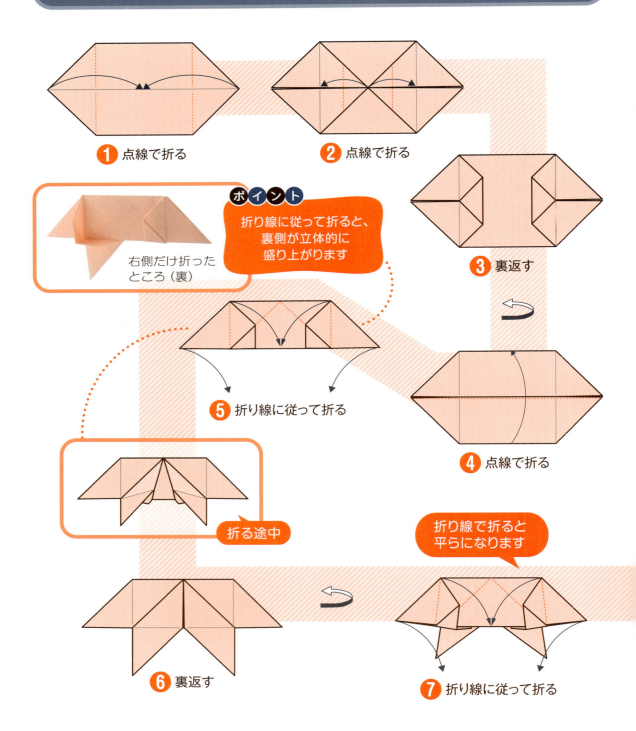

Part 3 「二そう舟ユニット」の派生系ユニット

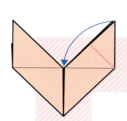

⓫ 点線で折る

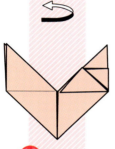

⓾ 裏返す

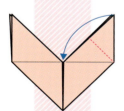

❾ 点線で折る

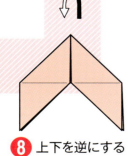

❽ 上下を逆にする

できあがり

組み方のポイント

ユニットの差し込み方法は「二そう舟ユニットE-1」と同じです。ソケットをまっすぐに広げてからプラグを差し込みます。

詳細は **結合方法 2**（104ページ）参照

129

35 二そう舟ユニット F-1

◎作品…95ページ　◎組み方…12枚組／25ページ、30枚組／42ページ参照

「二そう舟ユニットE-1」の ❸（126ページ）からはじめる

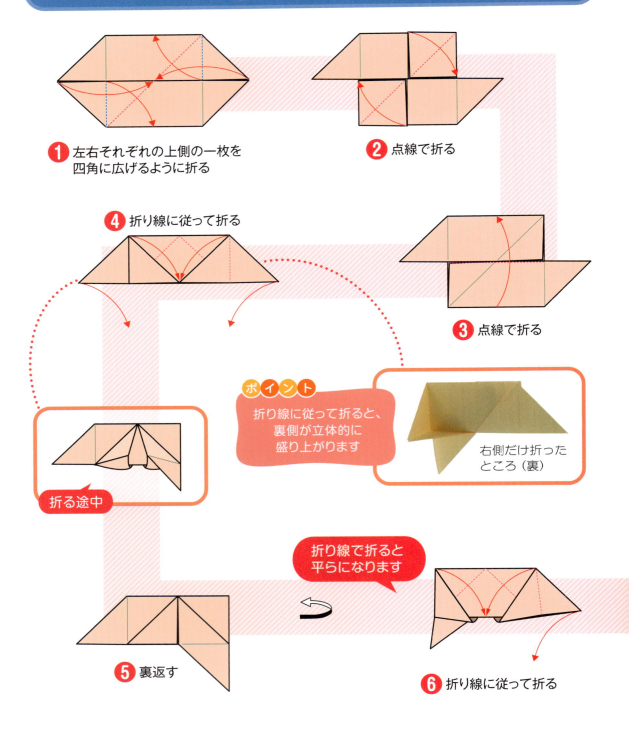

❶ 左右それぞれの上側の一枚を四角に広げるように折る

❷ 点線で折る

❸ 点線で折る

❹ 折り線に従って折る

折る途中

ポイント 折り線に従って折ると、裏側が立体的に盛り上がります

右側だけ折ったところ（裏）

❺ 裏返す

折り線で折ると平らになります

❻ 折り線に従って折る

Part 3 「二そう舟ユニット」の派生系ユニット

結合方法 5

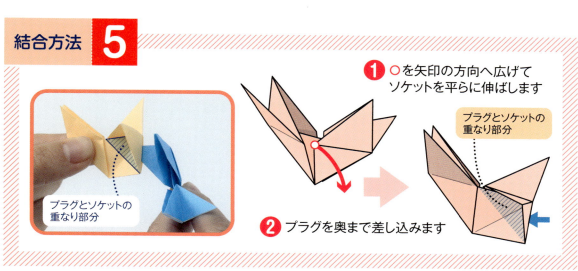

❶ ○を矢印の方向へ広げてソケットを平らに伸ばします

プラグとソケットの重なり部分

❷ プラグを奥まで差し込みます

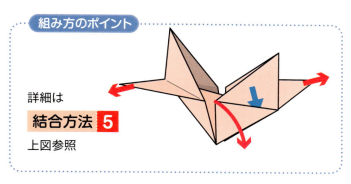

組み方のポイント

詳細は **結合方法 5** 上図参照

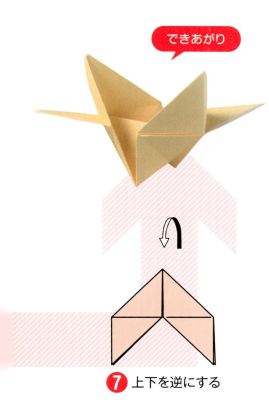

できあがり

❼ 上下を逆にする

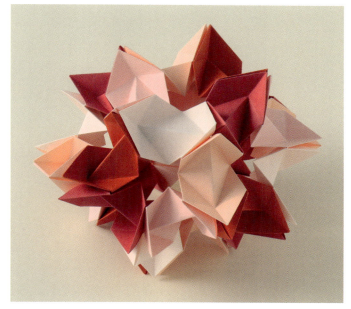

131

36 二そう舟ユニット F-2

◎作品…96ページ　◎組み方…12枚組／25ページ、30枚組／56ページ参照

「二そう舟ユニットE-1」の ❸（126ページ）からはじめる

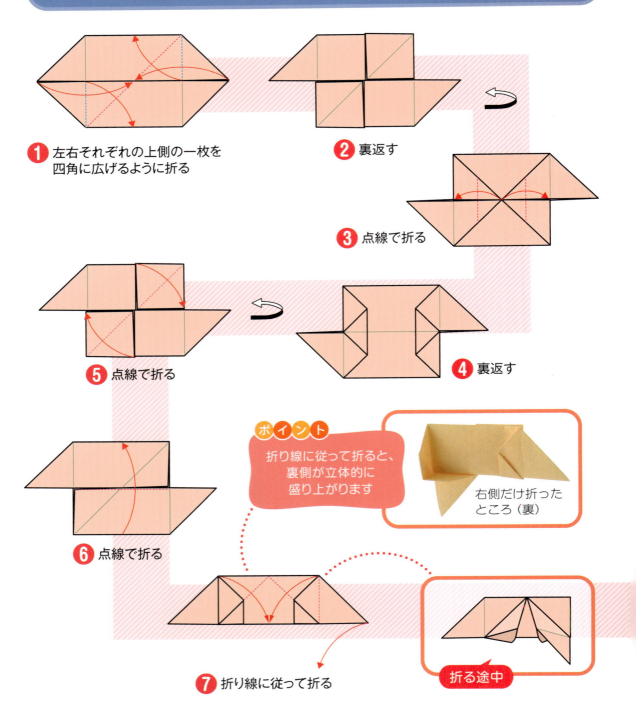

❶ 左右それぞれの上側の一枚を四角に広げるように折る
❷ 裏返す
❸ 点線で折る
❹ 裏返す
❺ 点線で折る
❻ 点線で折る
❼ 折り線に従って折る

ポイント
折り線に従って折ると、裏側が立体的に盛り上がります

右側だけ折ったところ（裏）

折る途中

Part 3 「二そう舟ユニット」の派生系ユニット

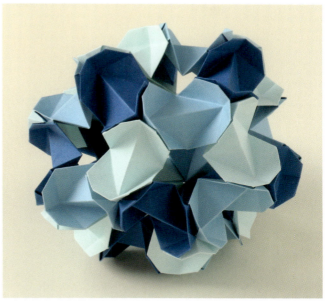

組み方のポイント

ユニットの差し込み方法は「二そう舟ユニットF-1」と同じです。ソケットを広げてからプラグを差し込みます。

詳細は **結合方法 5** （131ページ）参照

できあがり

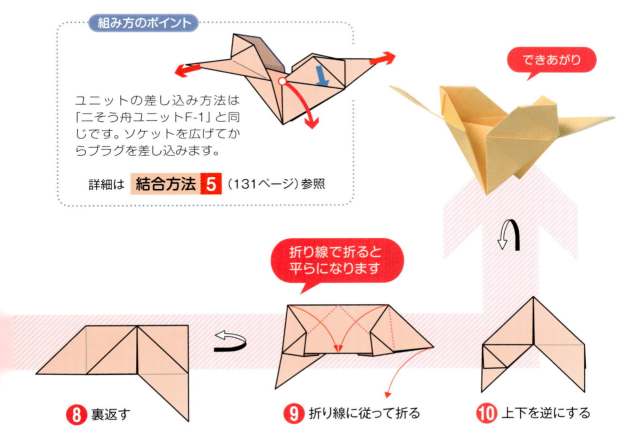

折り線で折ると平らになります

❽ 裏返す　　❾ 折り線に従って折る　　❿ 上下を逆にする

133

配色のポイント

3色12枚組(その2)の組み方

3色各4枚のユニットを使います

12枚組(その2)は、正六面体(立方体)が元となっています。3つの骨からなる「角」を3色で組むこと、四角形の「枠」が2色交互になるように組みます。

二そう舟ユニットB-1

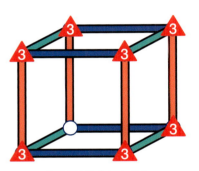
正六面体(立方体)

二そう舟ユニットF-1

二そう舟ユニットF-2

Part 4

「薗部式ユニット」の派生系ユニット

「薗部式ユニット」も、工程の途中または完成後に折りを加えることで驚くほど多彩なユニットになります。Part4では、ユニットの表面に裏面（白色）を出す「裏出しユニット」と、三角の「お山」が装飾的な「飾り折りユニット」を紹介します。

37 裏出しユニット A-1
作り方…145ページ

30枚組 [表裏別色・両面折り紙]
表：緑／裏：黄

30枚組 [5色]

38 裏出しユニット A-2
作り方…147ページ

30枚組[単柄]

12枚組[単色]

39 裏出しユニット A-3
作り方…148ページ

30枚組［表裏別色・両面折り紙］
表：花柄／裏：赤

40 裏出しユニット B
作り方…149ページ

30枚組[単色]

30枚組[3色]

41 飾り折りユニット A-1
作り方…151ページ

30枚組（ヒレカール）［単柄］

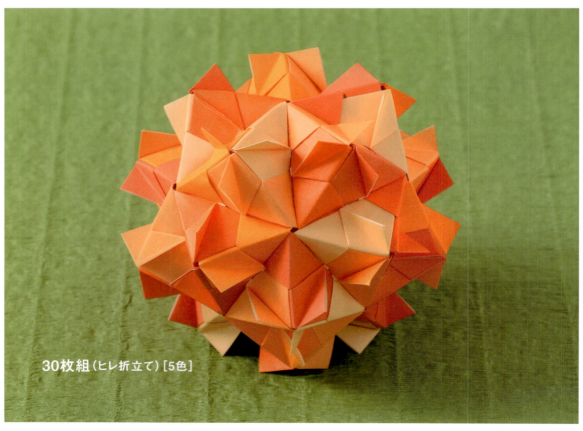

30枚組（ヒレ折立て）［5色］

42 飾り折りユニット A-2
作り方…153ページ

30枚組[単柄]

30枚組
[表裏別色・両面折り紙]
表：赤／裏：金

43 飾り折りユニット A-3
作り方…154ページ

44 飾り折りユニット A-4
作り方…156ページ

30枚組 [単柄・表裏逆折り]
表:白／裏:格子柄

45 飾り折りユニット B
作り方…158ページ

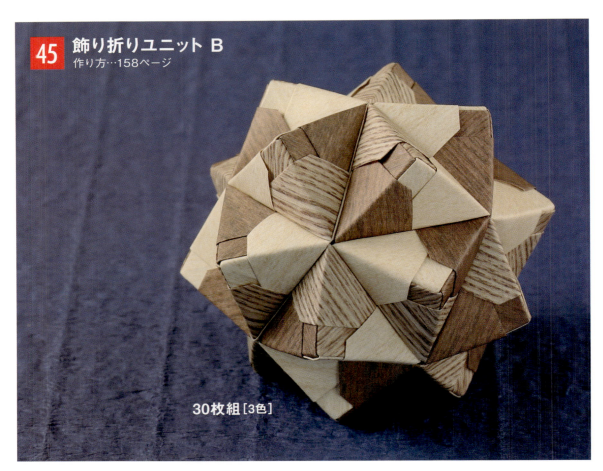

30枚組[3色]

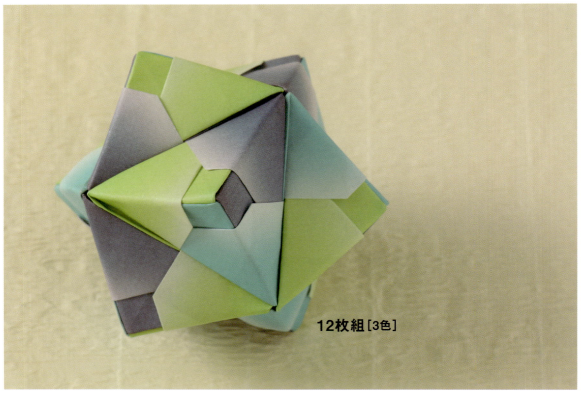

12枚組[3色]

37 裏出しユニット A-1

◎作品…136ページ　◎組み方…30枚組／46ページ参照

Part 4 「薗部式ユニット」の派生系ユニット

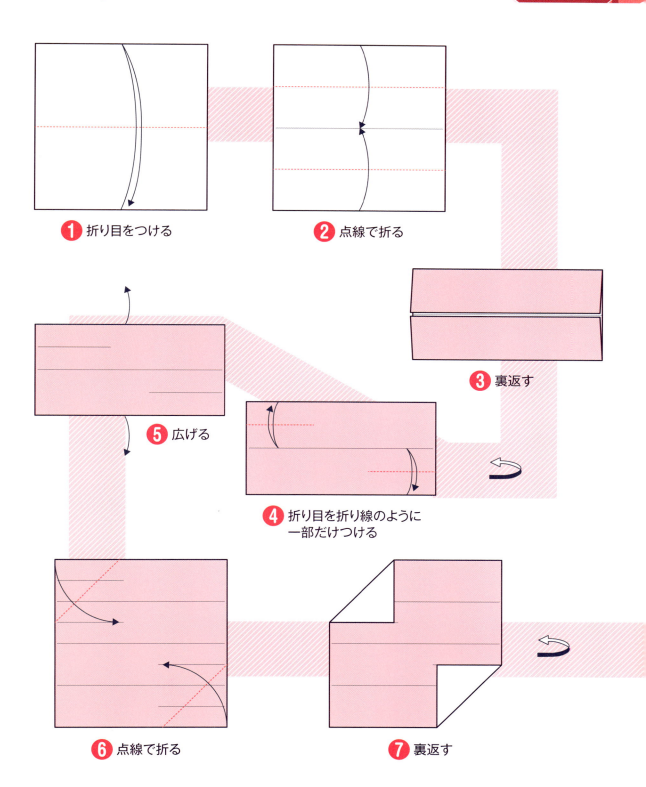

37 裏出しユニット A-1

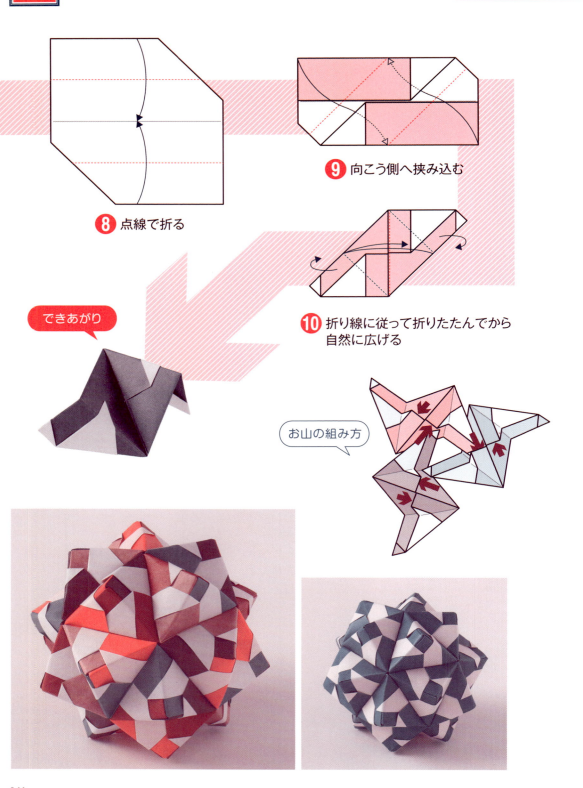

❽ 点線で折る

❾ 向こう側へ挟み込む

❿ 折り線に従って折りたたんでから自然に広げる

できあがり

お山の組み方

38 裏出しユニット A-2

◎作品…137ページ　◎組み方…12枚組／30ページ、30枚組／46ページ参照

Part 4 「薗部式ユニット」の派生系ユニット

「裏出しユニットA-1」の❻（145ページ）からはじめる

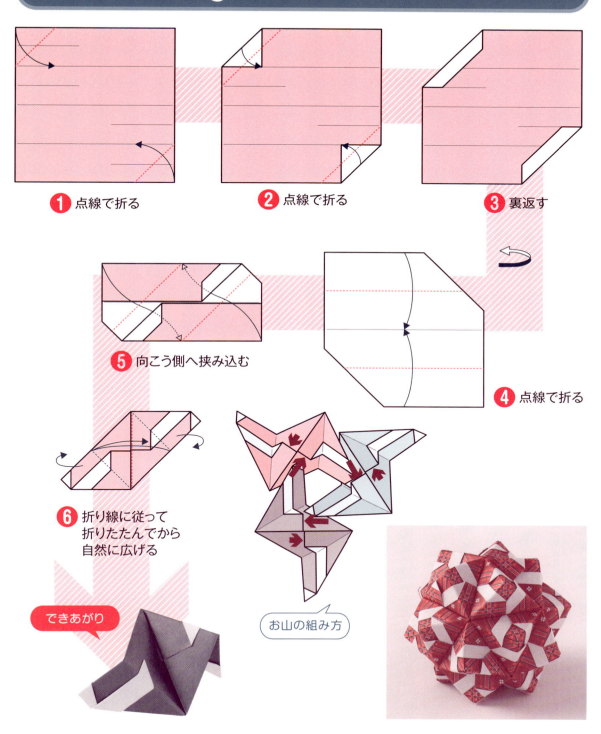

❶ 点線で折る
❷ 点線で折る
❸ 裏返す
❹ 点線で折る
❺ 向こう側へ挟み込む
❻ 折り線に従って折りたたんでから自然に広げる

できあがり
お山の組み方

39 裏出しユニット A-3

◎作品…138ページ　◎組み方…30枚組／46ページ参照

「裏出しユニットA-1」の❻（145ページ）からはじめる

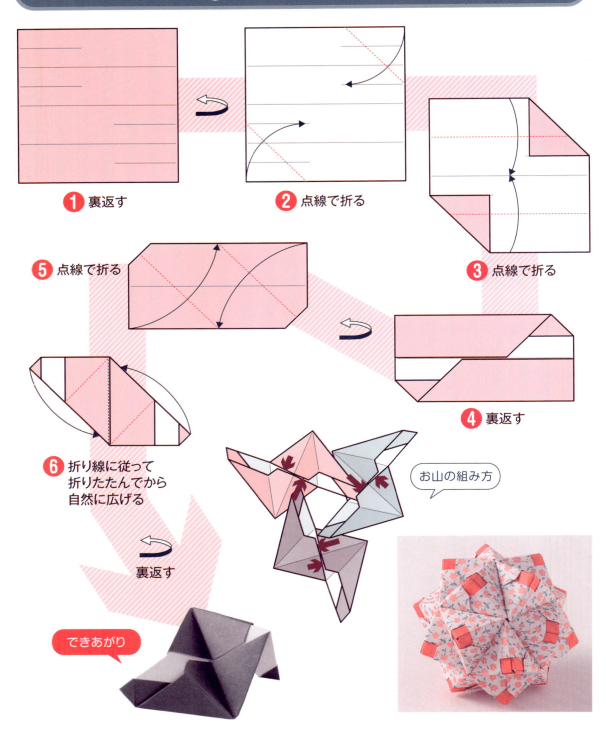

40 裏出しユニット B

◎作品…139ページ　◎組み方…30枚組／60ページ参照

Part 4
「薗部式ユニット」の派生系ユニット

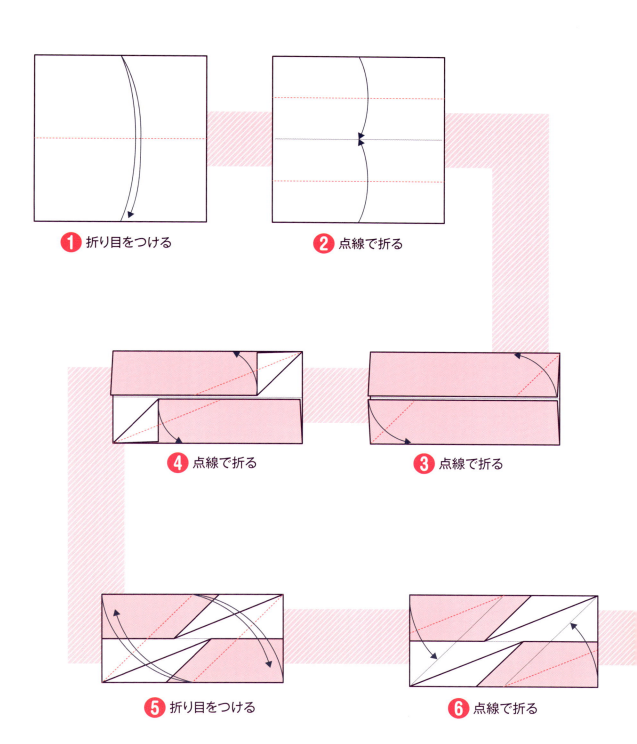

❶ 折り目をつける　❷ 点線で折る

❹ 点線で折る　❸ 点線で折る

❺ 折り目をつける　❻ 点線で折る

40 裏出しユニット B

❼ 点線で折る

❽ 折り線に従って折りたたんでから自然に広げる

お山の組み方

できあがり

41 飾り折りユニット A-1

◎作品…140ページ　◎組み方…30枚組／46ページ参照

Part 4
「薗部式ユニット」の派生系ユニット

「薗部式ユニット」の ❹（20ページ）からはじめる

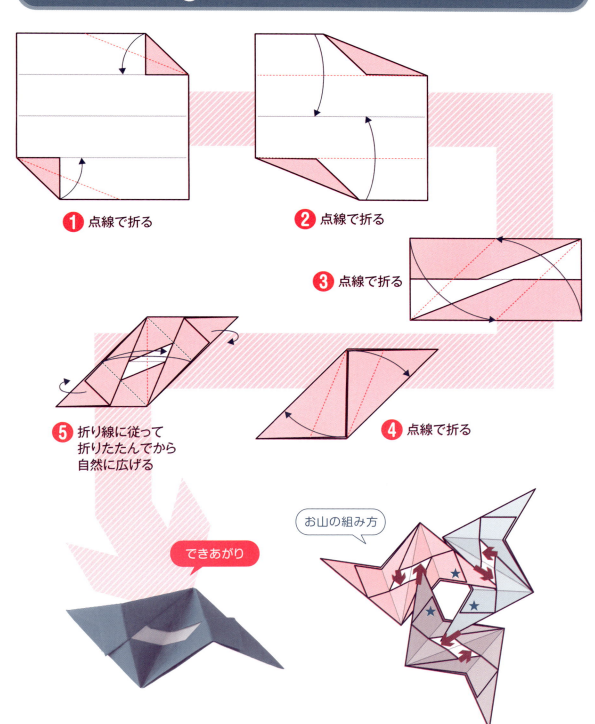

❶ 点線で折る

❷ 点線で折る

❸ 点線で折る

❹ 点線で折る

❺ 折り線に従って折りたたんでから自然に広げる

できあがり

お山の組み方

41 飾り折りユニット A-1

このままでも1つの作品ですが、全部組み上げてから★の部分を開いたりカールさせたりすることで、様々な作品となります

やわらかく開く

垂直に立てる

42 飾り折りユニット A-2

Part 4 「薗部式ユニット」の派生系ユニット

◎作品…141ページ　◎組み方…30枚組／46ページ参照

「飾り折りユニットA-1」の❹（151ページ）からはじめる

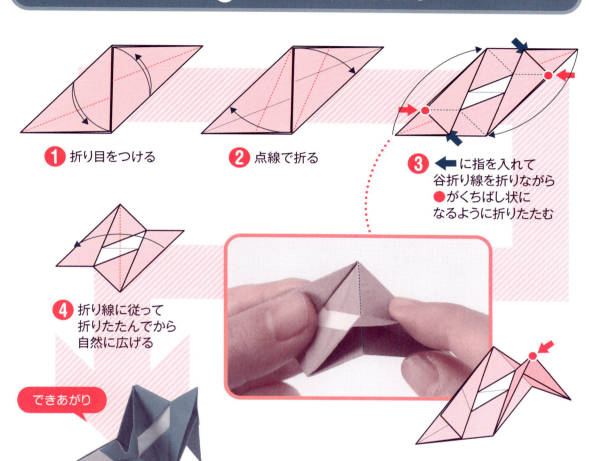

❶ 折り目をつける

❷ 点線で折る

❸ ←に指を入れて谷折り線を折りながら●がくちばし状になるように折りたたむ

❹ 折り線に従って折りたたんでから自然に広げる

できあがり

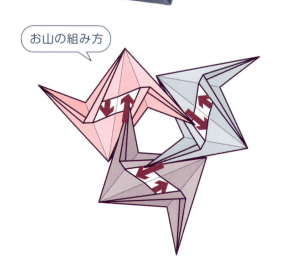

お山の組み方

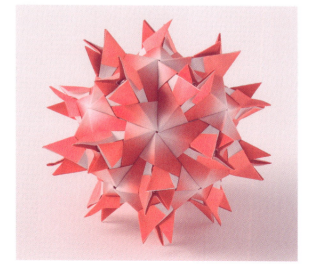

153

43 飾り折りユニット A-3

◎作品…142ページ　◎組み方…30枚組／46ページ参照

「飾り折りユニットA-1」の ❹（151ページ）からはじめる

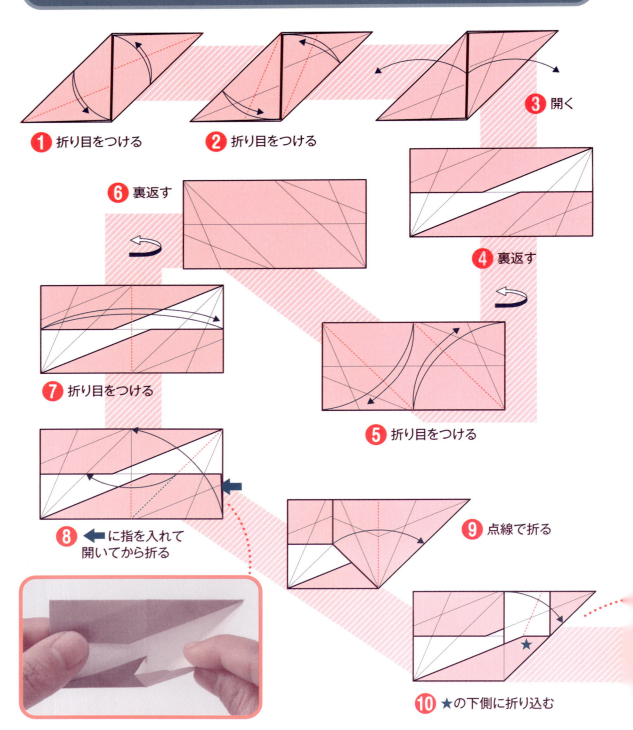

Part 4 「薗部式ユニット」の派生系ユニット

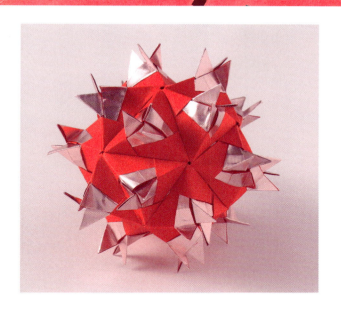

お山の組み方

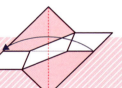

❶❺ 折り線に従って折りたたんでから自然に広げる

できあがり

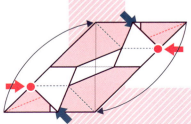

❶❹ ← に指を入れて谷折り線を折りながら●がくちばし状になるように折りたたむ

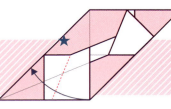

❶❸ ★の下側に折り込む

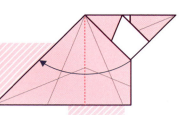

❶❷ 点線で折る

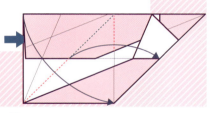

❶❶ ← に指を入れて開いてから折る

155

44 飾り折りユニット A-4

◎作品…143ページ　◎組み方…30枚組／46ページ参照

「裏出しユニットB」の ❺（149ページ）からはじめる

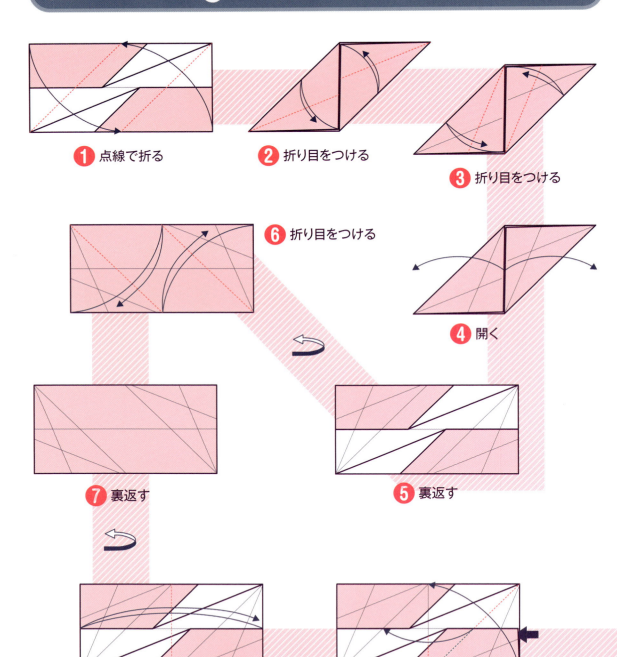

Part 4 「薗部式ユニット」の派生系ユニット

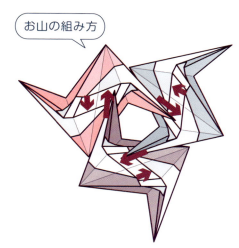
お山の組み方

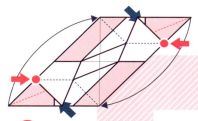
⑮ ←に指を入れて谷折り線を折りながら●がくちばし状になるように折りたたむ

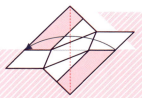
⑯ 折り線に従って折りたたんでから自然に広げる

できあがり

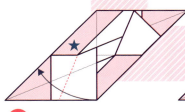
⑭ ★の下側に折り込む

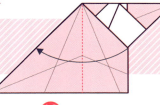
⑬ 点線で折る

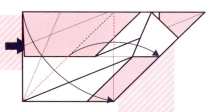
⑫ 角を押しながら折る

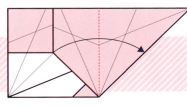
⑩ 点線で折る

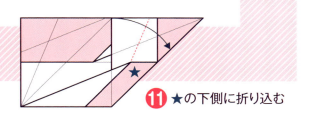
⑪ ★の下側に折り込む

飾り折りユニット B

◎作品…144ページ　◎組み方…12枚組／30ページ、30枚組／60ページ参照

「裏出しユニットA-1」の ❻ (145ページ) からはじめる

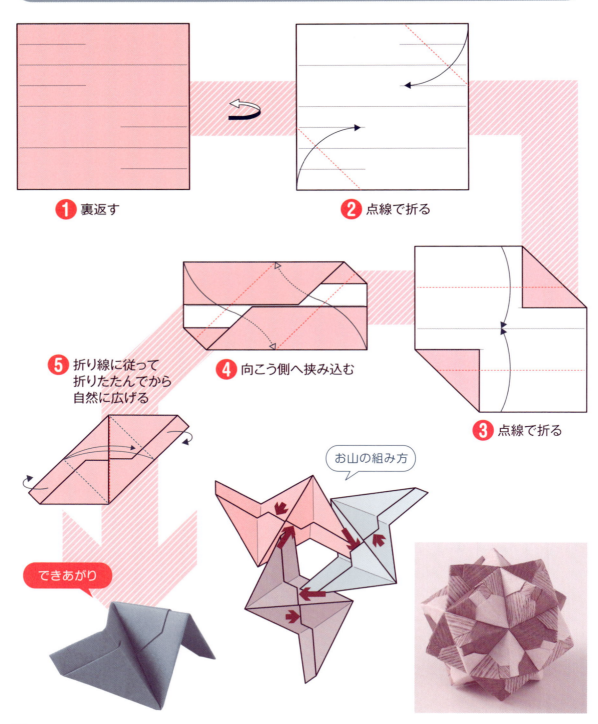

❶ 裏返す
❷ 点線で折る
❸ 点線で折る
❹ 向こう側へ挟み込む
❺ 折り線に従って折りたたんでから自然に広げる

お山の組み方

できあがり

Part 4 「薗部式ユニット」の派生系ユニット

配色のポイント

3色12枚組の組み方

3色各4枚のユニットを使います

「薗部式ユニット」の3色12枚組も、正八面体が元となっています。「三角のお山」を3色でつくることと、「お山」が4個接する❹の箇所が2色交互になるように組むのがポイントです（右図参照）。

3色の「お山」をつくったら、4枚目は❹が2色交互になるようにユニットを差し込んで、3色の「お山」をつくる

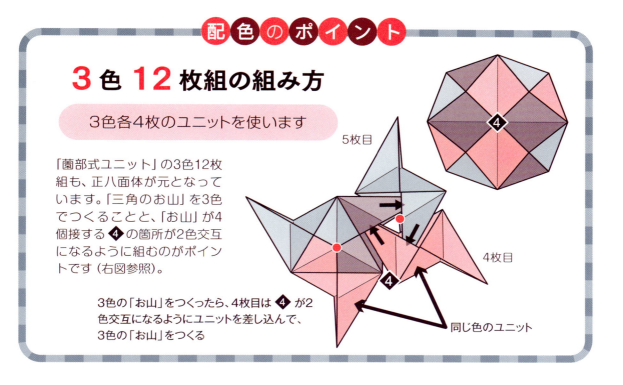

コラム 多くの紙には方向がある

　折り紙を折っていると、紙には方向性があることに気づきます。手漉（てす）きの和紙と異なり、機械漉きの西洋紙の多くは、紙の向きを変えて折ると、柔らかく感じる方向と、腰の強さを感じる方向があります。

　腰の強さのある方向は、言い換えれば、曲げる方向に強いということです。こうした紙の方向性の性質は「二そう舟ユニット」などの「骨組み」でつくる、空間の開いた、穴開き系のユニットに利用できます。例えば「二そう舟ユニット」では、最初に柔らかく感じる方向に折れば、比較的に強い「骨組み」ができます。

著者

北條敏彰（ほうじょう・としあき）

1949年生まれ。小学生の頃に「重ね箱」と出会う。学童保育指導員として、20年勤める。この間に、ユニット折り紙（薗部式ユニット）と出会い、ユニットの創作を始める。退職後、こどものあそびの総合情報を発信するWebサイト「遊び学の遊邑舎」を立ち上げ、現在に至る。（大阪市住吉区在住）

▶ **遊び学の遊邑舎**
http://yuuyuu-sya.a.la9.jp

スタッフ

▶ 写真撮影　天野憲仁（日本文芸社）
▶ カバー＆本文デザイン　齋藤博幸（デイドリーム・ビリーバー）
▶ 編集協力　草野伸生、渡辺江理

無限に広がる世界を楽しむ
詳細　ユニット折り紙

2016年7月20日　第1刷発行
2017年5月10日　第2刷発行

■ 著　者　北條敏彰
■ 発行者　中村　誠
■ 印刷所　株式会社光邦
■ 製本所　株式会社光邦
■ 発行所　株式会社 日本文芸社
　〒101-8407　東京都千代田区神田神保町1-7
　TEL 03-3294-8931（営業）　03-3294-8920（編集）
Printed in Japan　112160625-112170420 Ⓝ02
ISBN978-4-537-21400-0
■ URL　http://www.nihonbungeisha.co.jp/
©Toshiaki Hojo　2016
編集担当　吉村

乱丁・落丁本などの不良品がありましたら、小社製作部宛にお送りください。送料小社負担にておとりかえいたします。
法律で認められた場合を除いて、本書からの複写・転載(電子化を含む)は禁じられています。また、代行業者等の第三者による電子データ化および電子書籍化は、いかなる場合も認められていません。